口服才能心服

如何有效地打动人心

吴学刚 / 编著

云南出版集团
YNK 云南科技出版社
·昆 明·

图书在版编目（CIP）数据

口服才能心服：如何有效地打动人心 / 吴学刚编著. -- 昆明：云南科技出版社，2021.1

ISBN 978-7-5587-3201-0

Ⅰ. ①口… Ⅱ. ①吴… Ⅲ. ①说服－语言艺术－通俗读物 Ⅳ. ① H019-49

中国版本图书馆 CIP 数据核字 (2021) 第 015565 号

口服才能心服——如何有效地打动人心

KOUFU CAINENG XINFU：RUHE YOUXIAODE DADONG RENXIN

吴学刚　编著

责任编辑：洪丽春
　　　　　曾　芫
助理编辑：张　朝
封面设计：U+Na 工作室
责任校对：张舒园
责任印制：蒋丽芬

书　　号：ISBN 978-7-5587-3201-0
印　　刷：永清县晔盛亚胶印有限公司
开　　本：889mm × 1194mm　1/32
印　　张：7
字　　数：175 千字
版　　次：2021 年 1 月第 1 版
印　　次：2021 年 1 月第 1 次印刷
定　　价：38.00 元

出版发行：云南出版集团公司　云南科技出版社
地　　址：昆明市环城西路 609 号
网　　址：http://www.ynkjph.com/
电　　话：0871-64190889

前　言

你能说服面试官雇佣你吗？

你能说服老板给你升职加薪吗？

你能说服一个固执的人同意你的观点吗？

你想在销售中说服他人来购买并主动帮你宣传吗？

……

说服普遍存在于人们的日常生活中，思想教育、知识传播、疾病治疗、推销谈判，离不开说服；同学、朋友之间，邻里、亲戚之中，教师与学生、律师与法官、上级与下级，离不开说服。可以说，我们无时无刻不生活在“说服”与“被说服”之中。每当这时候，因为各自的出发点不同，所以观点不一致的情况就会经常出现，无论是谁，潜意识里都希望对方能“服从”自己，认可自己的观点，那么这就需要掌握点说服技巧，有效地打动别人。

说服，是在一定情境中，个人或群体运用一定的战略战术，通过信息符号的传递，以非暴力手段去影响他人的观念、行动，从而达到预期目的的一种交际表达形式。现实生活中，人的观点、看法、立场等都是可以改变的，如果你的意图本身并不是荒谬绝伦的，你就可以使对方改变原有的态度，接受你的想法，并按你的想法去做。科学家经过数百次的研究，得出结论，说服力的大小是通过相应表达技巧来增强的。显然，巧妙地说服他人不是诡辩骗人，只是为自己的意见制造一个适当的环境，从而有效地把自己的意见表达出去，进而获得赞同，使对方接受并按之行事。

毋庸置疑，说服是一种本事，它甚至能决定你人生的成败。一个说服力强的人，总是能把深刻的道理讲得很清楚，把复杂的道理说得简单，从而增强自己的影响力。

很多人缺少“嘴”上功夫，不会说话，言谈表达往往“话不投机”，以致什么事也办不成，很难在社会上行走；而有的人则深谙说话之术，能得体地运用语言准确地传递信息、表情达意，从而左右逢源、如鱼得水。所以，掌握并能熟练运用一些说服技巧是非常重要的。

说话每个人都会，口才能力每个人也或多或少具备一点，可说服口才却不是人人都有的。《口服才能心服——如何有效地打动人心》一书在真实案例的基础上，总结了一些口才运用方面的经验和方法，集具体详细、实践性强、效果明显于一体的实用说服技巧，可以让你有效地打动别人，扩大自己的影响力，进而成就自己的非凡人生。

目 录

第1章　不逞口舌之强，说服而不是制服

说服不是要告诉对方“你应该如何如何”这么简单，而是让对方信服的一个过程。说服最考验一个人的口才能力。你说的话要起一个引导的作用，启发别人按你的要求去感觉、去想、去做，把别人的思维导入你的思路。这样说话才是最棒的说服技巧。

让人在不知不觉中接受你的观点…… 003
说服和批评不是一回事…… 005
忠言也可以不逆耳…… 008
说服是让对方信服的一个过程…… 011
用语言艺术打动对方的心…… 015
从对方感兴趣的话题谈起…… 019
会倾听的人更懂说服…… 023
坦然面对别人的攻击…… 026

第2章　以情动人，话中有情说服力强

劝说是一种常见的极有说服力的语言方式。在日常生活中，需要劝说的事情几乎比比皆是。劝说之所以备受青睐，是因为它是用“情”打动对方的。

第3章　有理有据，让人发自内心佩服

语言的本质是一种说服的工具，人们沟通交流的一个重要目的就是说服对方。而要让自己的语言令人信服，就必须做到言之有理。当你说话显得有理有据、逻辑严谨的时候，他就会发自内心地佩服你。

第4章　切中要害，话不在多攻心就行

话不在多，“攻心”最重要！攻心说服术是一种洞察对方心理、赢得对方信任的技巧，通过说话及心理沟通打开对方的心扉，从而让对方在不知不觉中信任你，接受你的建议并采取行动。

第5章　讲求策略，怎样说服比说什么重要

说服也是一种战争，不是胜利就是失败，要想取得这场战争的胜利，我们就必须要讲求策略。一个说服力强的人，总是能把深刻

的道理讲得很清楚，把复杂的道理说得很简单，从而增强自己的影响力。

第6章　换位思考，抓住对方的心理需求

说服是一个互动过程，心理的因素至关重要。没有深入的观察与分析，没有顾及环境和对方的感受，不可能把话说得好，说得让人舒服。只有时刻留意对方的兴趣、爱好，明白对方的意图，揣摩对方的心理，这样才能把别人的心吸引过来，从而感动对方，让对方接受我们的观点。

第7章　知己知彼，掌握说服主动权

劝服别人时，不要只顾说自己的理由。要在说服对方之前，把对方的一些情况做深入的了解。对别人的思想、感觉、看法等了解得越透彻明白，就可以使说服的语言更得体，更有效，更容易掌握说服的主动权，并最终打动对方的心灵。

第 1 章

不逞口舌之强，说服而不是制服

说服不是要告诉对方“你应该如何如何”这么简单，而是让对方信服的一个过程。说服最考验一个人的口才能力。你说的话要起一个引导的作用，启发别人按你的要求去感觉、去想、去做，把别人的思维导入你的思路。这样说话才是最棒的说服技巧。

让人在不知不觉中接受你的观点

林肯说过：“不论人们如何仇视我，只要他们肯给我一个略说几句的机会，我就可以把他说服！”

你常和与你意见相反的人谈话吗？你在家中，或是办公室，或是市场上，总是设法使人赞同你的意见吗？你的方法要不要改善一下？一个辩论家，如果和听众争辩起来，不仅不会改变听众的想法，反而会使他们更加倔强起来。这是显而易见的事！无论双方的意见发生怎样严重的冲突，说话的人多少都可以找出一些相同点来互相讨论。

任何人都喜欢坚持相信自己已经相信的事物，而不希望别人来加以反对。凡是有人对我们表示反对的时候，我们一定要找寻许多的方法，许多的理由来辩证保护。所以，你在说话的时候，如果一开始就说：“我要证明这个”“我要证明那个”，绝非是聪明的办法。因为你的听众，一定将因此认为你好像在对他们作近于挑战的训话了。他们将自信地说：“我们瞧你的！”这显然就和你站在敌对的立场了。假使你一开始就着重讲些和你的听众意见相同的事情，然后再提出听众所乐于解答的问题，那就便利多了。你可以做得好像在和听众共同探讨问题的答案，然后再把你观察得十分透彻的事实提出来，使听众在不知不觉中接受你的结论，这样他们会对你更有信心。

美国的铁路专家曹顿到英国去做大东铁路的总经理，在到任的时候，人家对于他的敌意，有如春季的寒霜。原来铁路局里的职员有一个传统思想：没有一个美国人有担任总经理职务的资格。曹顿是美国人，竟担任了总经理，便动了公愤。但是曹顿并不着急，而就任了数千万人的领袖，他运用了一些策略，就平复了那些群众的敌意。运用什么策略去消释那些铁路职员传统思想下所产生的敌意呢？便是根据他们产生敌意的经验，来迎合他们的意志。

他做公开的演说："我到英国来担任这个职务，并不是为了什么荣誉，也没有什么希望，所需要者，只是想有一个户外竞技罢了……"一场演说之下，竟说服了千万铁路局里的职员。

下面还有一个巧妙说服的例子：

电话机的发明人贝尔，有一次出门去筹款，他到一个大资本家许拜特先生的家里，希望许拜特先生能够对于他正在进行的新发明事业投一点资本。但他知道许拜特是一个脾气古怪的人，向来对于电气事业是不感兴趣的。他开头时并不对许拜特说明预算能获得多少利益，也不对他解释科学理论，据贝尔传记上的记载："他弹着钢琴，忽然地停止了，向许拜特说：你可知道，如果我把这脚板踏下去，对着钢琴唱出一个声音，这钢琴便也会复唱出这声音来。譬如我唱一个DO！这钢琴也会应一声DO！这事你看有趣吗？"许拜特当然不懂其中道理，他于是静悄悄地放下手中的书本，好奇地向贝尔发问，于是贝尔详详细细对他解释了和音或复音电信机的原理。这场谈话的结果是，许拜特很情愿负担一部分贝尔的实验经费。

贝尔的方法，其实是非常简单的，在讲他那件事之前，他先设法引起对方的好奇心。引起了许拜特对于他及他的理想的注意，这是一种很有力量的策略。然而，我们大概都常常看见有许多奇妙的技艺终归于失败，其所得者不过是看客们耸一耸肩膀或扬一扬眉毛而已，这是没有能够真正运用这个秘诀的缘故，而贝尔却很自然地运用了这个策略。许拜特的钢琴，就是帮助他完成妙计的唯一功臣：消除了他们不同的意见，使他们密切合作起来。

新颖的东西，必须要与我们的经验接近，才能够引起我们强烈的注意，才能够引起我们的好奇心。因此，有才干的店员、报纸的编辑、成功的演说家，都是运用秘诀，以达到他们的目的。

说服和批评不是一回事

说服与批评之间，既有相似相通之处，又有相异相悖之处。这是两个部分的外延又重叠的概念。

说服与批评，都有对人施加思想影响，从心理上征服人的意图。批评常辅以说服，批评离不开说服；说服有时也带有批评，但说服不一定都带批评。如推销产品时，一般都是向对方大讲好话，极少有批评顾客的。被批评者，一般都有缺点、错误。批评的目的就是为了帮助对方改正，说服人接受你的主张，总要或多或少能给对方带来一定的精神上或物质上的好处，说服的过程，就是宣传这种好处，令对方信服。被说服者不一定有什么缺点、错误，他放弃的主张与接受你宣传的主张，不一定有正误之分，可能只有全面、完美的程度之别。

一位父亲的记述让我们佩服他说服儿子的技巧：

昨天晚上，我太太拿电话账单给我看。

“瞧瞧，儿子在我们去欧洲的时候，打了多少长途电话，”她指着其中一项，“单单这一天，就打了一小时四十分钟。”

“什么？这还得了！”我立刻准备上楼去批评他。可是，刚站起来，又坐下了，我想自己在气头上，还是不说的好。而且儿子这么大了，我要说，也得有点技巧。我把话忍到第二天，中午吃饭的时候，我对儿子笑着说：“你马上回学校了，查一查资料，找一家长途费率最低的电话公司。”然后，又来个急转弯，“咳，其实你上博士班，恐怕也没有时间打，我是多操心了。”

“是啊，是啊，”他不好意思地说，“你是不是看到了我上个月的电话账单？那阵子因为有一大堆事急着联络，所以确实打多了。”

吃完饭，我很得意，觉得自己把要说的“省钱、少打电话、别误了功课”这些话，全换个方法说了，却没一点不愉快。

批评的态度较严肃或严厉，说话的语气也较重、较强硬；说服的态度较温和，说服的语气也较轻、较委婉。批评的话语，贬义词多于褒义词，否定词多于肯定词。说服的话语，褒贬皆可；根据说服的对象与内容的不同，有时褒多于贬，有时贬多于褒。如果进一步仔细分类，说服还可以再分为批评性说服与赞美性说服两类。接受批评，可能会属于自觉自愿，也可能多少带点勉强，接受说服，完全是自觉自愿，不带任何勉强。

民主空气浓厚、解决矛盾纠纷、统一思想认识时，说服多于批评，协商多于命令，其结果是人际关系和谐，人心团结向上，社交往来活跃。反之，则人际关系紧张，人心貌合神离，社交生活沉寂，虽然说服与批评皆不可少，但我们希望在一切社交场合，说服多一些，批评少一些。遇有矛盾分歧，尽可能多采用说服手段。

批评是一种艺术，批评别人而要使其口服心服，就要讲究窍门，下面谈一些可行的批评的办法。

1. 指出错时也指明对

大多数的批评者，往往是把重点放在指出对方“错”的地方，但却不能清楚指明“对”的应该怎样做。有的人批评人家说：“你非这样不可吗？”这是一句废话，因为没有实际内容，只是纯粹表示个人不满意。

2. 克制“我”的情绪

在批评之前你首先要观察自己，你觉得自己的心情紧张吗？对对方心存不满吗？把你的感受——愤怒、埋怨、责怪、嫉妒等先清理一下是有好处的。

有经验的批评家认为，未开口批评人家之前，先检讨一下自己所持的是什么态度，是积极还是消极？情绪不好是很难掩饰的，而这种情绪有极强的传染力。一旦对方感觉到这一点，立刻会激起同样的情绪，立即会抛开你的批评内容，计较起态度，这种互相影响的情绪会把批评带入僵局，因此智者不可不虑。

3. 安慰式批评

年轻的莫泊桑向著名作家布耶和福楼拜请教诗歌创作。两位大师一边听莫泊桑朗读诗作，一边喝香槟酒。布耶听完说：“你这首诗，句子虽然疙里疙瘩，像块牛蹄筋。不过我读过比这还坏的诗。这首诗就像这杯香槟酒，勉强还能喝下。”这个批评虽严厉，但有余地，给了对方一些安慰。

4. 渐进式批评

渐进式批评就是逐渐输出批评信息，有层次地进行批评。这样可以使被批评者对批评逐渐适应，逐步接受，不至于一下子“谈崩”，或因被批评而背上沉重的思想包袱。

5. 委婉式批评

委婉式批评又叫间接式批评。它一般都采用借彼批此的方法声东击西，让被批评者有一个思考的余地。其特点是含蓄蕴藉，不伤被批评者的自尊心。

忠言也可以不逆耳

良药苦口利于病，忠言逆耳利于行。这句话重复多了，人们就会形成错觉，规劝别人的话必须难听，不难听的话不配称“忠言”。

商朝末年，纣王昏庸无道，比干丞相为了江山社稷，多次向纣王进谏，纣王不但没有将他的进谏听入耳、记于心，反将其剖心处死。

事实也未必尽然，关键看你怎样说，会说的人也能让忠言不逆耳。在现代社会中，有些领导往往都比较自信，甚至自负，而且做事往往会独断专行。当你发现他的错误时，要怎么才能把忠告说到他的心坎里呢?

1. 突出你的诚意

为别人献忠告，最重要的是让对方体会到，你是诚心诚意为他好，完全是出于一片好心。当你指责他人时，如果让对方感觉到你并不是出于关心才批评他，而是另有所图，他不但不会接受你的批评，反而会把你当作他的一个敌人，马上与你针锋相对。

为别人提出忠告必须怀着一颗体谅的心。虽然他在做事时某些方面还不完善，但说不定他有难言的苦衷。所以，在献忠告时，还要高呼理解万岁，不要只讲结果不讲过程。

2. 用事实说话

为别人献忠告，要建立在事实真相的基础上，捕风捉影、无中生有只会弄巧成拙。只有在了解事实真相的情况下，才能正确地判断是否有必要提出忠告，忠告该怎样去提，以什么样的角度提才能取得比较好的效果。

假如你身为一个公司职员，没有了解公司的各项业务、管理模式及背景，就妄自提出自己的看法，这样很难获得领导对你的信任。不但如此，领导还会认为你是一个只会夸夸其谈的无能之辈。职场如此，社交场依然如此，在你不了解朋友的意图时，就对他的行为评头论足，只会增加他对你的反感。

3. 注意说话时采用的措辞

只将以上两条运用到为他人献忠告或提意见中还不够，在进献忠告时，还要注意你的措辞，要不然就很容易得罪人。

身为一名领导，如果对自己的员工说这样的话，如“现在的年轻人太狂妄”“不用管他，反正受损失的不是我们”“有这样的想法简直太可笑了”……从这一点就可以证明，这样的领导缺乏素养，是一名不合格的领导，不值得员工去拥护他。

虽然领导有指导属下的义务，而这种义务的体现应该是以关爱做基础，以恳切的忠告作为帮助下属前进的动力，只有这样才能获得良好的人际关系。

4. 进忠告需讲“场合”

在大庭广众之下为他人提忠告，往往很难让人接受。因为提出忠告的时候必然会涉及对方的缺点，有可能触动对方的伤疤。人有脸树有皮，任何人被当众揭短，都很难忍受，很容易下不来台，从而会产生抵触的情绪。因此，即使你是善意的，他人也不会领你的情。

5. 注重时机的把握

一般情况下，人在感情冲动时，很难采纳他人的忠告。因为，这时人们的理智正处于混乱阶段，很难分辨出你的用意。如果选在这个时候提出忠告，不仅不能解决问题，反而会惹来一身麻烦。

6. 简明扼要地突出重点

提出忠告的时候，简明扼要很重要，思路杂乱，言语啰唆肯定会影响忠告被采纳的概率。

7. 给对方留有回旋的余地

提忠告时，不能把对方的路堵死，切勿将他批评得一无是处，该隐藏的还是要隐藏，否则很容易引起对方的逆反心理，形成破罐破摔的局势，最终忠告没提成反倒被别人误会为存心不良。含蓄的指责同时，不妨加些赞美，比如：“你平时工作很努力，表现得也很积极，唯一的一点小毛病就是欠缺那么一点稳重，如果做事前再谨慎些，前途就更明亮了。”用这种口气跟他说话，对方感受到的不是批评而是鼓励，肯定非常愿意接受你的忠告。

有话不能直说，直说会害人，很多人都能体会到这句话的真正含义。有些时候，你明明出于好意向别人献上你的忠言，而别人不但不领情，反而弄得你“猪八戒照镜子——里外不是人”，出现这种现象的原因何在呢？大多数是实话实说、直来直去造成的。

为别人提出忠告，同样的一个忠告，不同的提法可能会为你赢得尊敬，也有可能惹来不必要的麻烦。所以，在为他人提忠告时千万要谨慎行事，点到为止，留有余地。

说服是让对方信服的一个过程

说服不是要告诉对方“你应该如何”这么简单，而是让对方信服的一个过程。如果说服如此简单，世界上也就不会存在这么多矛盾。

让我们先来看这样一个故事：

有一次，卡耐基同时接到两家研习机构的演讲邀请函。一时之间，他无法决定接受哪家的邀请。但在分别和两位负责人洽谈过后，他选择了后者。

在电话中，第一家机构的邀请者是这样说的：

“请先生不吝赐教，为本公司传授说话的技巧给中小企业管理者。由于我不太清楚您所讲演的内容为何，就请您自行斟酌吧。人数大概不超过一百人……万事拜托了！”

卡耐基认为，这位邀请者说话时平淡无力，缺乏热忱。给人的感觉，便是一副为工作而工作的态度，让人感受不到丝毫的热情，给他留下了相当不好的印象。

此外，对方既没明确地提示卡耐基应该做什么、做到什么程度，也没有清楚交代听讲人数，这样他如何决定演讲内容呢？对此，卡耐基自然没有什么好感。

而另一家机构的邀请者则是这样说的：

“恳请先生不吝赐教，传授一些增强中小管理者说话技巧的诀窍。与会的对象都是拥有五十名左右员工的企业管理者，预定听讲人数为七十人。因为深深体悟到心意相通的时代离我们越来越遥远，部属看上司脸色办事的传统陋习早已行不通。因此，此次恳请先生莅临演讲的主要目的，是希望让所有与会研习者明白，不用语言清楚地表达出自己想法的人，是无法成为优秀的管理人才的。希望演说时间能控制在两个钟头左右，内容锁定在：

（1）学习说话技巧的必要性；

（2）掌握说话技巧的好处；

（3）说话技巧的学习方法。

这三方面，希望能带给大家一次别开生面的演讲。万事拜托了！”

卡耐基可以感觉到这家机构的邀请者明快干练、信心十足，完全将他的热情毫无保留地传达给了自己。更重要的是，对方在他还没有提出问题的情况下，就解答了所有的疑问。因此，在卡耐基的脑海里立刻浮现出自己置身讲台的情景，并且很快就能够想象出参加者的表情，以及自己该讲述的内容等。显然，这种邀请方式很能带给受邀者好感。

显然，说服别人是需要一定技巧的，其中最重要的是依循一定的步骤。

说服他人应按照什么样的程序来进行呢？大致有以下四个步骤：

1. 吸引对方的注意力

为了让对方同意自己的观点，首先应吸引劝说对象将注意力集中到自己设定的话题上。利用“这样的事，你觉得怎样？”“这对你来说，是绝对有用的……”之类的话转移他的注意力，让他愿意并且有兴趣往下听。

为了不至于在开始时便出师不利，以下几个要点请你务必好好掌握：

（1）留下良好的第一印象。也就是穿着得体、以礼待人，脸上保持诚恳的微笑。

（2）平时多留意自己的言谈举止，绝对要言行一致。

（3）主动与周围的人接触，建立良好的人际关系。

（4）再小的承诺也要履行，记住要言出必行。

（5）不撒谎，除了善意的谎言。

（6）提高与大众沟通的能力。

2. 明确表达自己的思想

具体说明你所想表达的话题。比如“如此一来，不就大有改善了吗？”之类的话，更进一步深入话题，好让对方能够充分理解。

明白、清楚的表达能力是成功说服中不可缺少的要素。对方能否轻轻松松倾听你的想法与计划，取决于你如何巧妙运用你的语言技巧。

为了让你的描述更加生动，少不了要引用一些比喻、举例来加深听者的印象。适当贴切地引用比喻和实例能使人产生具体的印象，能让抽象晦涩的道理变得简单易懂，甚至能使你的主题变成更明确或为人熟知的事物。如此一来，就能够顺利地让对方在脑海里产生鲜明的印象。

说话速度的快慢、声音的大小、语调的高低、停顿的长短、口齿的清晰度等，都不能忽视。除了语言外，你同时也必须以适当的表情、肢体语言来辅助。

3. 感情深处征服对方

通过你说服对方的内容，了解对方对此话题究竟是否喜好、是否满足，再顺势动之以情或诱之以利告诉他“倘若遵照我说的去做，绝对省时省钱，美观大方，又有销路……”不断刺激他的欲望，直到他跃跃欲试为止。

说服前必须能够准确地揣摩出对方的心理，才能够打动人心。如：他在想什么？他惯用的行为模式是什么？现在他想要做什么等。一般而言，人的思维行动都是由意识控制，即使他人和外界如何的建议或强迫，也不见得能使其改变。

想要以口才服人的你，必须意识到说服的主角不是你而是对方。也就是说，说服的目的，是借对方之力为己服务，而非压倒对方。因此，一定要从感情深处征服对方。

4．提示具体做法

在前面的准备工作做好之后，就可以告诉对方该如何付诸行动了。你必须让对方明白，他应该做什么、做到何种程度等等。到了这一步，对方往往就会很痛快地按照你的指示去做。

用语言艺术打动对方的心

推销你自己，就是要让对方接受你，如何才能让对方接受你呢？你必须运用语言艺术打动对方的心。

推销是面谈交易，整个推销活动中，从接触顾客到解除疑虑，直至最后成交，都离不开口才。俗话说："良言一句三冬暖，恶语伤人六月寒。"可见，是否会谈话是有不同结果的。

当你说话时，你发送出两个信息。第一个是你说出的内容；第二个是你说的方式。一句内容精妙的句子可以用刺耳的声音说出，也可以用缺乏热情的呵欠、心不在焉的、嘟嘟囔囔的、犹犹豫豫的和其他不计其数的声音表达。

著名的专业推销员波顿在强调引人入胜的说话方式时，列举了五条说话原则：

第一是清楚地说话，精确地、清楚地发出每一个音节。

为了清晰起见，应该保持平均每分钟150个词的语速。不要因为句尾缀接的不必要的语气词，而影响了一个良好、清楚的表达。

第二是以交谈的方式说话。

一个好的说话者会让你对自己说：这个说话者不是一位道貌岸然的人，也不是一位煽动家。相反，他或她是个招人喜欢、对人平等而且可以信赖的人。

第三是诚挚地说话。

每一个成功的说话者在他或她的声音中都有一种“火警”的特质。它蕴含的强烈诚挚会刺痛你的脊椎。在广播电台时代，播音员的声音中是否具备这种特质十分关键。比如，正是这种特质，和其他因素一起，使温斯顿·邱吉尔在大不列颠广播电台的“最美妙时刻”的节目得到了广大听众的信任。

第四是热烈地说话。

为了激活你的声音，你要改变你说话的语速，变化你的音高或调整你的音量。富兰克林·罗斯福的演讲好像是一辆观光巴士：在不重要的地方加速，然后在经过风景名胜的地方放慢速度。

第五是避免“词语胡须”。

不要因为“嗯……”或紧张的干咳而使自己的表达大为逊色。摒弃所有矫揉造作的个人风格或手势，这些只会转移对你说话内容的注意力。

一个成功的推销员在推销中是极其注重口才的，是否拥有“巧舌”，决定着推销的成败。成功的推销员在运用以上五种说话原则时，总是恰当得体的。一个优秀的推销员，对于新人，不讲旧话；对于旧人，不言新语；对于浅人，不讲深意；对于深人，不谈俗论；对于俗人，不讲雅事；对于雅人，不说俗情。他们所说的话，都不是自己要说的话，而是对方要说的话。说话的目的，不在炫耀自己的长处，而在鼓动对方的热情。

首先，如何称呼顾客就大有学问。称呼要恰当，使对方有亲切感。称呼顾客随便一些还是郑重一些，要根据推销场合的不同而有所区别。如果是在办公室谈生意，称呼对方“张局长”“李经理”就显得比较严肃正式，而若是到顾客家中做访问，则可根据对方的年龄、性别等称呼对方“大哥”“大叔”等，一下子就拉近了双方的距离。反之，如果不顾具体情况，在办公室也口口声声亲热地“大哥”“大叔”叫个不停，恐怕就要让人怀疑你的智商了。

推销员在进行推销访问时，要能够顺理成章地将谈话切入正题就需要讲好第一句话。好的开场白能营造出轻松自然的气氛，能使推销员尽可能多地了解顾客，从而有针对性地展开说服。而不太高明的开场白则可能一下子引起客户的反感和抵触。

例如，空调器的推销员可以这么说：“北京的夏天可真是越来越让人难以忍受。看来全球气温正在升高一说不假……”然后再察言观色，抓住时机表明来意。相反，如果一见面，劈头就是“先生，我是来推销空调器的……”就显得过于生硬、直白。

会说话的推销员会使顾客感到他是善解人意、体贴周到的。如果顾客的皮肤黑，就说“肤色较暗”；如果顾客个子矮，就说“身体小巧”；如果对方腿有残疾，就说“腿脚不便”；当着孕妇的面，要说“要当妈妈了”；遇到丧事，则说“去世了”“不在了”等习惯用语。这就将顾客比较敏感的问题婉转地表达出来，不至于伤害顾客的自尊心，或引起对方不快。

如果不懂得人情世故，讲话无所忌讳，就会自讨没趣。

据说，有一位日用化工厂的推销员，他看了影片《人到中年》后，考虑到中年知识分子应当受到爱护和照顾，便领了任务，到一个研究所里去推销染发、防皱的美容化妆品。遗憾的是他并没获得成功，其原因就是他的言语引起了人们的反感。他是这样说的："在座的有不少知识分子。人到中年嘛，如俗话所说，'人过四十天过午'，头上的白发一天比一天增多，脸上的皱纹一天比一天粗重，正一步步向老年迈进。今天我给大家送来了几种美容化妆品，虽无返老还童之力，但总可帮助大家遮遮丑……"

大家越听心里越不是滋味，讪笑着站起来说："算了吧！人越老学问越多，也许越懂礼貌，我们还是听任白发和皱纹自然地增添吧！"说完，客气地将他请了出去。

可见，不会说话，不但得罪了顾客，也丢了赚钱的机会。

口才出色的推销员会区别顾客的不同情况，有针对性地运用不同的讲解语言。

事实上，不同顾客具有不同的个性和不同的购买动机，推销员的语言就要随时调整，或通俗易懂，或精辟深入，体现出不同的侧重点。那种不分对象、千篇一律的套话，容易引起顾客的厌烦和反感。

就谈吐来看，推销人员通常要做到：保持语言的准确性，不要使用含糊不清的措辞；要注意语言的规范化；要使用礼貌语言，讲究语言美，不讲粗野语言。

说话是一种内在修养的表现，也反映着一个人的整体素质。

学会说话实际上就是要提高自己的整体素质，提高自己的内在修养。但是俗话说："茶壶里煮饺子——肚里有倒不出。"就是说，有些人虽然内在修养很好，但是不会说话，表达不出来，就会影响他的发展，就会失去推销自己的机会。所以，在提高内在修养的基础上，与人交谈要经常历练。多练习就会练出一副铁嘴铜牙，巧舌如簧，面对各种人都会应对自如。

从对方感兴趣的话题谈起

在说服别人的过程中，有时要有意避开对方的讳忌点，绕道而行，选择对方感兴趣的话题谈起，不要过早地暴露自己的意图，应按照预定迂回路线，步步靠近。当对方跟着你走完一段路程的时候，对方已经不自觉地向你的观点投降了，这也就是曲言婉至的妙处。

伽利略青年时就立下雄心壮志，要在科学上有所成就，他希望得到父亲的支持和帮助。

一天，他对父亲说："父亲，我想问你一件事，是什么促成了你同母亲的婚事？"

"我看上她了。"

伽利略又问："那你有没有娶过别的女人？"

"没有，孩子，老天在上，家里的人要我娶一位富有的太太，可我只对阿玛纳蒂姑娘钟情，我追求她就像一个梦游者，要知道你母亲从前是一位姿艳动人的姑娘。”

伽利略说：“这倒确实，现在也还看得出来，你不曾娶过别的女人，因为你爱的是她。你知道，我现在也面临着同样的处境。除了科学以外，我不可能选择别的职业，因为我喜爱的正是科学。别的对我毫无用途！难道我要去追求财富、追求荣誉？科学是我唯一的需要，我对它的爱有如对一位美貌女子的倾慕。”

父亲说：“像倾慕女子那样，怎么能这样说呢？”

伽利略说：“一点不错，亲爱的父亲，我已经18岁了。别的学生，哪怕是最穷的学生，都已想到自己的婚事，我可从没想到那上面去。我不曾与人相爱，我想今后也不会。别的人都想寻求一位标致的毕安卡，或是一位俊俏的卢斯娅，而我只愿与科学为伴。当人们对我提及婚姻方面的事情，我就感到羞臊。”

父亲没有说话，仔细听着。

伽利略继续说：“我亲爱的父亲，你有才干，但没有力量，而我却能兼而有之！为什么不能设法达到自己的愿望呢？我会成为一个杰出的学者，获得教授身份。我能够以此为生，而且比别人生活得更好。”

父亲说：“可我没有钱供你上学。”

“父亲，你听我说！很多穷学生都领取奖学金，这钱是公爵宫廷给的。我为什么不能去领一份奖学金呢？你在佛罗伦萨有那么多朋友，他们对你不错，会尽力帮助你的。也许你能到宫廷去把事办妥。他们只需要去问一问公爵的老师奥斯蒂罗·利希就行了。他了解我，知道我的能力。”

父亲被说动了：“嗯，你说得有理，那是个好主意。”

伽利略抓住父亲的手，猛力摇动："我求求你，父亲，求你想方设法，尽力而为。我向你表示感激之情的唯一方式，就是……就是保证成为一个伟大的科学家。"

伽利略最终说动了父亲，他实现了自己的理想，成了一位闻名世界的科学家。

委婉法是说话办事时的一种缓冲方法。委婉语能使本来也许是困难的交往，变得顺利起来，让听者在比较舒坦的氛围中接受信息。因此，有人称委婉是办事语言中的"软化"艺术。例如巧用语气助词，把"你这样做不好"改成"你这样做不好吧"。也可灵活使用否定词，把"我认为你不对"改成"我不认为你是对的"。还可以用和缓的推托，把"我不同意"改成"目前，恐怕很难办到"。这些都能起到软化效果。

具体地说，委婉法有以下几种形式：

1. 讳饰式委婉法

讳饰式委婉法，是用委婉的词语表示不便直说或使人感到难堪的方法。

例如：在中国北方，老人去世了，以"老了"讳饰，老干部故去了，以"见马克思去了"讳饰，类似的不下有几十个同义讳饰词语。再如，生活中对跛脚老人，改说"您老腿脚不利索"；对耳聋的人，改说"耳背"；对妇女怀孕说"有喜"。总之，在语言交流中讲究讳饰，也就是"矮子面前不说矮"，而不是"哪壶不开提哪壶"。

有时，即使动机好，如果语言不加讳饰，也容易招人反感。比如：售票员说："请哪位同志给这位'大肚皮'让个座位。"尽管有人让出了座位，但孕妇却没有坐，"大肚皮"这一称呼使她难堪。如果这句话换成："为了祖国的下一代，请哪位热心人，给这位'有喜'的大姐让个座位。"当有人让出座位时，这位孕妇就会表示对售票员感谢，并愉快地坐下。

2. 借用式委婉法

借用式委婉法，是借用一事物或事物的特征来代替对事物实质问题直接回答的方法。

例如：在纽约国际笔会第四十八届年会上，有人问中国代表陆文夫："陆先生，您对性文学怎么看？"陆文夫说："西方朋友接受一盒礼品时，往往当着别人的面就打开来看。而中国人恰恰相反，一般都要等客人离开以后才打开盒子。"

陆文夫用一个生动的借喻，对一个敏感棘手的难题，婉转地表明了自己的观点，中西不同的文化差异也体现在文学作品的民族性上。实际上都是对问者的一种委婉的拒绝，其效果是使问话者不至于尴尬难堪，使交谈继续进行。

3. 曲语式委婉法

曲语式委婉法，是用曲折含蓄的语言和商洽的语气表达自己看法的方法。

例如：《人到中年》的作者谌容访美。在某大学作讲演时，有人问："听说您至今还不是中共党员，请问您对中国共产党的私人感情如何？"谌容说："你的情报很准确，我确实还不是中国共产党员。但是我的丈夫是个老共产党员，而我同他共同生活了几十年，尚无离婚的迹象，可见……"

谌容先不直言以告，而是以"能与身为老共产党员的丈夫和睦生活几十年"来间接表达自己与中国共产党的深厚感情。有时，曲语式委婉法比直接表达更有力，这种曲语式的委婉用语，真是利舌胜利剑。

会倾听的人更懂说服

倾听是无声的语言，倾听可以让人有不同的理解：尊重、理解、认同、鼓励等。倾听是一种巨大的力量，一种最好的谈话方式。

运用语言艺术说服别人的过程，是一个复杂的过程。在这个过程中，双方实现了思想的交流，是互相影响，互相说服的过程。如果只是自己说，不注意对方说什么，那就不能实现说话的目的，你也就不能把自己推销给对方。

假如你和一个老朋友吃午饭，他说因为夫妻大吵了一架，他整个星期都睡不好。要是你像大多数人一样，怕听别人私事，你可能说："婚姻生活总是有苦有乐——你吃鱼还是五香牛肉？"你这样说，是间接叫他最好别向人发牢骚。假如你不想浇他一头冷水，那就不妨说："难怪你睡不好，夫妻吵闹一定令你很难受。"他有一舒心中抑郁的机会，心情便会好得多。

我们当中很少人能够自我开解，总有时需要把自己的烦恼告诉善于聆听的朋友。怎样作出倾听反应呢？倾听反应一般来说有如下五种方法：

1．轻轻地点头作出反应

我们用这种方法表示自己正在听对方的谈话，有时轻轻点几下头表示对对方所传达的信息的赞同或默许。会听话首先就是协助对方说下去。

试用一些很短的评语或问题来表示你在用心听，即使你只是简短地说："真的？"或"告诉我多一点"也行。这就向对方表示：我在认真听你讲话。

2．我们的目光要注视正在说话的对方，不要做其他任何动作，也不要说话

这表明正专心致志地倾听对方的谈话，并且对对方的谈话表示出浓厚的兴趣。

3．我们偶尔发出声音，用尽量少的言词表示出自己的意思

比如："我了解""哼哈""是那样""很有趣"。使用这种词语，一般表示我们对于对方的话有所了解，或者表示同意对方的看法。发出声音也能表示我们正在倾听对方的谈话。

4．我们重复对方刚才所说的一句话的最后几个字，表示对对方意思的肯定

5．在对方询问问题，或者在对方说话有错误的时候，我们应该作出真实的反应，即把自己了解的真实情况告诉对方

这几种反应，就是向对方表明：我很重视你的话，满足了对方诉说的需要，对方也就会考虑你的要求。

会听话还要学会听出言外之意。

一位生意兴隆的房地产经理认为，他成功的原因在于不但能细心聆听顾客讲的话，而且能听出没讲出来的话。

他讲出一幢房屋的价格时，顾客说："哪怕琼楼玉宇也

没有什么了不起。”可是说的声音有点犹豫，笑容也有点勉强，那经理便知道顾客心目中想买的房子和他所能买得起的显然有差距。

“在你决定之前，”经理练达地说，“不妨多看几幢房子。”结果皆大欢喜。那顾客买到了他能买得起的房子，生意成交。

即使听自己最喜爱的人说话，也容易只听到表面的含意，而忽略了话中有话。“你钱用光了？这是什么意思？全家的人只晓得拼命花钱！”这番气冲冲的话可能与家庭的开支无关。真正的含意可能是“我今天的工作已经把我折腾够了，我正想发脾气”。

要是你善解人意，便听得出这番气话隐藏着委屈和挫折。在较为心平气和时，只需稍微说一两句表示关心的话（“你看来很疲倦，今天很辛苦吧？”）就可帮助一个满腹牢骚的人，以不伤感情的方式消气。

会听话还表现在用心听，但不急于判断。

我们总是勇于订立是非的标准，判断谁是谁非。只判断而不用心听，便会切断许多心灵沟通的途径。

加州大学精神病学家谢佩利医生说，向你所关心的人表示你可能不赞成他们的行为，但欣赏他们的为人，这是非常重要的。仔细聆听能帮助你做到这一点。假如十来岁的孩子深夜三时回家，心焦的父母不易记住聆听是多么重要，孩子刚要解释，做父母的便开口喝道：“我不要听出了什么事！”这种反应破坏了双方的沟通，更严重的是令孩子的自尊心受到打击。一定要告诉他你们如何为他操心：“我们又担心又害怕。”然后让他说明一切。心理学家警告说，父母如果从不听孩子诉说，孩子长大后，往往要经过许多年治疗才能恢复自尊。

我们都渴望有人听自己说话，精神病学家的诊所挤满了需要聆听的人。在大多数的情形下，人与人不能沟通，因为只有人说话而没有人听。一个挽回家庭关系成绩优良的调解人说：“我令一家人言归于好，真不费什么劲。我只是让每个人有发言的机会，别的人都在听——但不准插嘴。往往这是全家人多年来初次细心聆听彼此说话。”

聆听是表示关怀的一种方式，一种无私的举动，可以让我们离开孤独，进入亲密的人际关系，并建立友谊。

坦然面对别人的攻击

面对别人的攻击，首先不要惊慌，也不要难为情。控制好自己的情绪，寻找有力的语言以牙还牙，给自己留下足够的面子。这是一种“变相”的说服方式。

1. 应理解对方的错怪

不少时候，人和人之间的相互发火，是因为互不了解、有失沟通造成的。这时候得理的一方切不可因对方的错怪而以怒制怒。最好的方式是多加解释，想办法沟通或者道歉、劝慰，与对方达成谅解或共识。

一所医院里，病人挤满了候诊室。一个病人排在队伍中，将手上的报纸都看完了也没有挪动一步，于是他怒火万丈，敲着值班室的窗户对值班人员大喊：“你们这是什么医院？这么多人排队你们看不见吗？为什么不想办法解决？我下午还有急事呢！”值班员面对病人的怒火，耐心解释说：“很抱歉，让你等了这么久。是这样的，医生去上手术了，抢救一个危重病人，一时脱不了身。我再打电话问问，看看他还要多久才能出来。谢谢你的耐心等候。”

患者排大队得不到及时诊治，责任并不在那个值班员身上。但是他理解病人的急切心情，因此，面对病人的错怪，能够沉住气一面解释，一面劝慰。这就比以怒制怒、火上添油的回答好多了。

2. 以自嘲应对“揭短”的人

一位作家刚发表一篇小说，获得了赞誉之声。另一位作家却不以为然，跑去问他：“这本书还不赖，是谁替你写的？”他答道：“哦，谢谢你的称赞！不过，是谁替你把它读完了？”幽默的回敬，对“揭短”者是一种有效的应付之道。

妻子、朋友、亲戚有时会开玩笑似的揭你的“短”，弄得你有点下不来台。你想默认会觉得窝囊，想还口又觉得口吃。

这时，怎样从困境中摆脱出来？不妨运用幽默的语言、滑稽的表情和笑料冲淡这尴尬的处境，活跃气氛。这也是语言机智应变的技巧之一。

显然，设法改变处境比保持沉默要主动，但有一点应当明确，那些“揭短”的人通常是你的配偶、亲友，你不能采用气愤的话予以还击，而幽默的解嘲是最好的办法。

自嘲运用得好，可以使交谈平添许多风采。如果用不好，会使对方反感，造成交谈障碍。自嘲要审时度势，相机而用，不能到处乱用。比如，对话答辩、座谈讨论、调查访问等，就不宜使用自嘲。此外，自嘲要避免采取玩世不恭的态度。具有积极的自嘲，包含着自嘲者强烈的自尊、自爱。自嘲不过是当事者采取的一种貌似消极，实为积极的促使交谈向好的方向转化的手段而已。

在对付“揭短”时，尤其要注意：

（1）尽量不要认为他人别有用心。如果我们神经过敏，对别人的每一句话都琢磨一番潜台词、话外音，那就会自寻烦恼。因为在许多场合，对方往往是脱口而出或即兴联想的玩笑话，根本没想到会伤害你。

（2）不可反唇相讥。有人听不得半句“重话”，动辄连珠炮似的反讥，常因此挑起唇枪舌剑，使良好的关系破裂。一般说来，开玩笑的人若是得到严肃的回答，脸上常挂不住。所以，我们不能为笑话失去一个朋友，甚至给人留下心胸狭窄的印象。

（3）遇到人“揭短”，如果羞怯万状，既不能正常地保持沉默，又不能机智地改变处境，以至失态，那就显得有些“小器”了。而保持泰然自若的风度，暂时把“揭短”抛置一边，寻找别的话题，或点起一支烟，端起一杯茶，转移别人的视线等，才是上策。

3. 以幽默调侃

一位巴黎的剧作家邀请小仲马看他的新剧本的演出。

大幕拉开了，戏正在演出。小仲马不断回头，嘴里嘟哝着：“一个，两个，三个！”

“您在干什么？”剧作者纳闷地问。

“我在替您数打瞌睡的人。”

过了些日子，小仲马的剧本《茶花女》上演了。上次请小仲马看戏的那位剧作者和小仲马又坐在了一起。演出开始之后，他也不断回头去找，找了半天，居然也找到一个打瞌睡的人。那位朋友欣喜若狂，连忙说：“亲爱的，您的《茶花女》上演，也有人打瞌睡。”

小仲马听了毫不介意，幽默地说：“您不认识这个人吗？他是上次看您的戏时睡着了，至今尚未醒来的人。”

4. 找到攻击者的弱点以转移别人的注意

美国总统罗斯福的新政，曾遭受到许多政治评论家的攻击和批评，其中以亨利·门肯的批评最为严厉。

有一次在华盛顿里迪罗俱乐部的大会上，政治人物云集，当然，新闻记者更是里里外外忙个不停。

轮到罗斯福演讲时，他清了清喉咙，对着在座的亨利·门肯笑了笑，说了开场白：“各位先生女士，我的朋友亨利……”

接下来的演讲内容却让全场观众哗然，尤其是新闻记者，面面相觑，十分惊讶。

罗斯福大肆谩骂美国的新闻界，指出新闻界的记者都十分无知、没有常识，并且愚蠢而自大。在场记者觉得罗斯福简直莫名其妙，怎么好好地骂起人来了，但是再听下去就渐渐地明白了。

原来罗斯福所讲的内容是亨利·门肯写的一篇文章《美国新闻界》，这时所有的焦点都对准了满脸通红的亨利。

本来要根据亨利抨击的重点提出问题的记者，这时对他的评论内容起了怀疑，因为他对于记者的评论如此的离谱，那么对于罗斯福的政策抨击又能相信吗?

会后，罗斯福被人推着轮椅离开时，还特别到亨利面前微笑致意，表示出政治家的气度。

原本会遭受各界质询的罗斯福，于是很轻松地渡过了这一关。

当遭受到攻击时，想办法找到对方的弱点，来转移别人的注意力，减轻自己的压力是很有效的防身术。

5. 以退为进，巧妙回击

英国作家萧伯纳的剧本《武器与人》，被搬上舞台后，首演就获得了很大成功。演出中，观众不断鼓掌喝彩。剧终时，许多人不肯离去，纷纷要求剧作家与大家见面。

萧伯纳为了不辜负观众的热情，只得走上舞台，同演员一起向观众谢幕。不料，萧伯纳刚刚来到台上，突然有个人叫喊起来：

“萧伯纳，你的剧本糟透了，谁也不要看！收回去吧，停演吧！”

虽然这喊声与整个演出过程中的气氛极不协调，但它出现得太突然了，许多人一时怔在那里，不知该怎么办。而更多的人则为萧伯纳捏了一把汗，想看看他如何处理这种局面。

谁知萧伯纳听到喊声，脸上笑容依旧，一点儿也不生气，反而向那个人深深鞠了一躬，彬彬有礼地说：

“我的朋友，你说得好，我完全同意你的意见。遗憾的是，我们两个人反对这么多的观众，是不是有点儿寡不敌众？你有没有什么更好的主意，让我们一起来禁止这个剧本的演出呢？”

萧伯纳这样的知名作家，面对一个无名观众的当面污辱，既保持了沉着冷静、不失风度，又没有一味退让，使其得逞，而是以退为进，用礼貌的外在表现和幽默辛辣的语言，给予巧妙的回击。这样一来，观众的情绪被萧伯纳巧妙的回答感染，又爆发出一阵更热烈的掌声，使那个恶语伤人的家伙无比的狼狈。

6. 巧妙辟谣

无端诽谤和造谣中伤在美国总统的竞选中是常有的事。

1800年，约翰·亚当斯在竞选总统时，就有个共和党人煞有介事地指控他曾委派竞选伙伴平尼克将军到英国去挑选四个美女做情妇，两个给平尼克，两个留给总统自己。这种桃色新闻对于一个政坛要人来说其打击往往是致命的，弄不好就会搞得身败名裂。然而亚当斯却没有急于申辩和澄清，他大笑着说道：“假如这是真的话，那平尼克将军一定是瞒过了我，全都独吞了！”周围的人听了，无不捧腹而笑。

7. 保持平静，不做攻击

当别人确实侵犯到你，你当然有权利生气。如果对方是陌生人，你可以大吼大嚷、漫天叫骂，然后一走了之，祈祷彼此再也不要碰面。但是，如果对方是你的同事、朋友或家人呢？

你仍然应该生气，但别忘了沟通的艺术。得理不饶人的强烈抨击，只会告诉对方："在我眼中，你是个彻头彻尾的无能者、不折不扣的坏蛋。"然而，当你平静而清楚地告诉他：他的某些行为（而非他的人格、本性）激怒了你，为了什么，这将使对方有路可走，可以改过迁善。

当然，改变自己和宽恕别人的确不容易，但值得努力。敌意和怒气给我们的心灵与肉体带来同样沉重的负担，未雨绸缪来避免它不是很好吗？

提高说服力的七大窍门

想要说服别人，就要不断地学习说服口才，提高自己的说服力。在这一点上，许多高超的说服者都留下了许多宝贵的经验，你可以细心研习，为己所用。

任何人都希望能轻松地说服他人，尤其是担任说服职务的人，更有这样的愿望。但是千万不要误解说服力的本意，毕竟它与饶舌不同。有的人能不费口舌就自然有说服力；有的人即使滔滔不绝，也没有洗耳恭听的听众。因此说服力并不取决于是否能言善道，而决定于能适时说出适当的言辞。当然有人天生就具有说服力，但是一般来说，说服力是靠后天的经验和努力培养而成。提高说服力需要认真学习和训练：

1．掌握说服要点

大部分人只考虑到如何巧妙地说服他人，但能掌握“要点”的人却非常少。例如，告诉对方“如果不这么做，公司就会有危险”“这样会给大家添麻烦”“如此才可以拓展前途”“必须拉拢他加入我方的阵营”等，这样才算符合说服的需要。和人见面，想不费吹灰之力就说服对方是不可能的。必须彻底检讨自己的意见，表明自己最低限度的要求。若抓不住意见的重点，不但无法说服对方，反会遭到对方的反击不得不知难而退。这就是因为该说的话表达得不够明确的原因。如果一开始就心生胆怯，心想“我真的能顺利说服对方吗”或“万一遭到拒绝怎么办”，甚至认为“对方说的也有道理”等，这些都是因为说服的基础不够稳固，才想不出“如何说服对方”的手段和方法。所以，说服前先检查一下谈论的内容是否必要，再开始进行说服，才可事半功倍。

2．说服前先听对方说

不考虑对方，只单方面谈论自己的事，不但无法打动对方，反会显得疏远。因为从感情与理性两方面来说，强迫性的做法会使对方在感情上产生不悦，而脱离要点会使对方在理性上无法理解。此时，首先需要训练的是静听。任何人都希望站在说服者的立场，不喜欢被人说服，更有甚者认为让别人说服是一种耻辱，所以努力先使对方保持平静，消除其压迫感，否则说服就无法成功。因此，与其自己先发言，不如先听对方的，从谈话内容中了解他。给予对方发表意见的机会，可以缓和他的紧张，进一步使他对你产生亲切感。更重要的是，能根据对方的谈话找到说服的重点。那么要如何才能让对方发表意见呢？可以先诱导对方谈论他感兴趣及关心的话题。至于对方有兴趣及关心的话题，则多半是他个人身边发生的事。

有人认为抓住对方自己认为所喜欢和关心的问题，而且也是最切身的话题。由此而找出对方关心的目标，他就会道出自己的看法，这也就是我们必须侧耳倾听的内容。从对方的谈话中，可以了解对方的嗜好、个性及说服重点。

3. 建立信任的关系

有的人在说服时，特别向对方表示亲密的态度或用甜蜜的语言与之接近，不仅无法达成说服目的，还会引起对方警戒，甚至受其轻视，所以信任非常重要。古人说："言必行，行必果。"有的人用人朝前，不用人朝后，这种观念是错误的。人们不能过着自私而有效率的生活，只想以自己的方便操纵对方，永远是一意孤行。所以如果有意与人交流，保持信任的关系，是必不可少的条件。信任的关系，寓于日常生活中。只要得到他人认同，而你也自认不辜负他人时，如此就能建立信任，达到圆满的说服。做到这些，相信你将能发现说服的乐趣与效果。

4. 周密的论证

不具体的表明说服的要点会失去说服力，而不得要领的要求，也无法得到充分的效果。对部下有所期望，希望达到目的时，必须周密论证以使对方正确了解。有些虽然下命令的人知道自己的意思，但执行命令的人，却不容易了解。在工作方面，说服特别要具体的提示计划，说明理由、内容、完成日期及要求的成果，不这样就很难说动对方去办，再怎么激励他，他也不知从何下手。人之所以会有积极的意愿，是因为总想有发挥自己能力的机会。只有凭自己的才智能力投入整体工作时，才能体会工作的意义。

5. 指示要明确

若没有确切的指示，他就会在不明事理的情况下产生不满，或者发牢骚，破坏了工作环境的和谐。因此必须以具体的办法告诉对方，使其了解情况，他才愿意去干。例如，告诉对方“你的立场是……，你的行动是……，最后的目标是……”。如此提示，并要求对方“我想借助你的智慧，请你务必尽力”，说服到此地步，就能巩固对方想做的意愿。毕竟了解了情况，做起事来就容易。例如，明示对方“这件事的结果是……”“你下次应该这么做”等，把自己想获得的结果具体地告诉对方，同时在明示对方的过程中，也要经常参考对方的意见，提高对方的参与意识。如此一来，才能称之为周密的说服。

6. 恳切的地引导对方

说服就是恳切地引导对方，按自己的意图办事。如果不以恳切的态度说服对方，而利用暂时的策略瞒骗对方，就无法使说服者与被说服者间有长久的和谐。当说服者暗自高兴“好了！说服成功了”时，而引起被说服者“哎呀！我上当了！”的感觉，这是最拙劣的说服方法。恳切地引导对方，使对方了解与满足，这时双方的满足度各为50%，要被说服者再做10%的让步，更须让其有这种满足感，否则被说服者无法心服口服，彼此根本无法谈拢，这一点要特别注意。

7. 适当的让步必不可少

说服必须有令双方满意的结果，否则不算说服成功。换句话说，说服者必须让对方认为“哼！这次是因为我让步，他才能成功地说服我”，如此满足感，就是恳切引导的最好效果。说服者应向对方表示“真谢谢你”“没有你的帮助我就完了”“你如此帮忙，我会铭记在心”等，如此表示谢意，以实际行动满足对方的虚荣心。

第 2 章
以情动人，话中有情说服力强

劝说是一种常见的极有说服力的语言方式。在日常生活中，需要劝说的事情几乎比比皆是。劝说之所以备受青睐，是因为它是用“情”打动对方的。

能打动人心的才是好口才

我们说一个人的口才好，可能包括很多的因素，比如：声音好听、语速适当、表述连贯、语句精彩、幽默、有哲理等。但是，这些突出的特点很少一个人能全部拥有，有其中的一个或者几个就已经很不错了。这也就是说，评价一个人的口才是不是好有很多的标准。如果只从结果的角度来评价，好口才的标准就只有一个，那就是打动人心。

交流和沟通是双向的，而只有打动了对方才可能实现这个目的。打动对方的手段有很多，比如赞美对方、投其所好、关心对方、谦虚有礼等。还有一种打动人心的特别方法，那就是激起对方的反抗情绪。最常见的是辩论场上的双方选手，由于双方的互不相让，使得双方都得拿出全部精力，甚至是挖空心思来找对方的漏洞，来反击对方。在这个过程中，双方的思想、观点就尽数展现出来了。

这种打动人心的方法类似于激将法，但不同的是，激将法大多用贬低的方法激起对方的好胜心来达到目的；而这种方法是用刁钻的、直抵内心的、抓住矛盾核心的提问来让对方无可回避，或者防不胜防说出自己的真心话。这里的关键是，把握主动的一方在表达上不能让对方感觉到你是一种挑衅，而要淡定从容，因为你是在和对方沟通，而不是在和对方比赛，所以，火候的把握非常重要。

著名主持人王志也是一名出境记者，他的节目向来以犀利、尖锐的逼问著名。但是，我们看到的王志总是身体微微前倾，偏着头，皱眉，在提出尖锐问题时起缓和作用的微微一笑，手势很简单，谈话过程中会有意停顿等。他会使用很多的语言技巧去探究对方的心理，比如他经常用“接下来呢？”“是这样吗？”“为什么呢？”等将问题接得非常紧，互动式提问、假设性提问、反面提问比较多。他还注意提问背景、细节等。但是，他从来不会一副挑衅的样子，永远都是那么淡定从容。

在《与神话较量的人》那期节目中，王志碰到的是一个强劲的对手——刘姝威，他们之间的问答就像电影中的对白一样精彩：

……

王志：你指的这个因素是权力吗？

刘姝威：你说呢？

王志：我问你。

刘姝威：我问你。你听了我讲述的话，你认为这个因素是什么？

王志：你是当事人。

刘姝威：这个问题我想应该让公众来分析吧。

王志：你认为会不了了之吗？

刘姝威：我不希望不了了之。

王志：你的预测是什么？

刘姝威：我的预测……我无法预测。

王志：预感呢？

刘姝威：我无法预感。

王志的提问蕴含了很多的信息，对方的回答则可以称得上是滴水不漏，但尽管如此还是透露出不少信息。面对这样的对手，可以想象，常规的提问只能得到和其他媒体一样千篇一律的回答，只有激起对方的“反抗”心理，才能真正探究到对方的内心。这样激烈的交锋，就像两个高手过招，已经斗得不可开交，周围却还是风平浪静，外人根本看不出任何的火药味来。

王志觉得最过瘾的是碰到棋逢对手的采访对象。“这就像两个太极高手用内功在过招，互相听得懂对方在说什么。那个舒服，简直可以用浑身通泰来形容。”

事实上，王志的提问拆开来看，都是些再简单平常不过的问题，但是放到采访现场的特殊语境中，与采访对象的反应结合在一起，就变得极具穿透力。此时，提问被融化在无形的技巧之中，正如他说：“怀疑并不一定加一个‘吗’，一个动作、一个眼神就足够了，有很多方式可以表达采访者的本意。”

王志成功地采访过零口供的死囚，在不动声色之间让对方说出了心里话。

采访死囚时，是在伏法的前一天，死囚已经不再开口说话。王志给死囚递了一杯水，然后把来意告诉了他：“退一万步来说，你还留了你的声音在这个世界上，让大家看到一个真实的你是怎样的，不像小报上说的你有十几个情人，或者贪污了几千万，你自己说出的话可能更权威一些。”这个说服过程只花了短短的几分钟，结果采访进行了3个小时。

王志的话只不过是简简单单的几句，没有任何华丽的词藻，没有长篇大论的阐述，但是就是这看似简简单单的几句话，却打动了已经决定不再开口的对方。原因在于，王志说话的出发点是善意的，没有像其他采访的媒体那样，是奔着挖猛料来的，首先，不让对方讨厌；其次，为对方着想，给对方展现内心的机会。当然，平等、和善、交流的态度也是很重要的原因。

具体来分析：首先，王志递给对方一杯水，表明了一种态度，是尊重对方的，尽管对方是触犯了法律的罪犯，但某种程度上在王志看来，他就是自己的一个采访对象，如此而已。就像对待其他的被采访者一样，尊重是必不可少的；其次，王志站在对方的立场上，拉近了彼此的心理距离，他的话看起来都是为对方考虑的；最后，王志的话抓住了人的一种心理——留名后世，尽管他是罪犯，他也不希望自己留下的名是虚假的，即使是被钉在历史的耻辱柱上，他也不希望背很多原本不属于自己的、被人捏造的、强加在自己头上的罪恶。王志短短的几句话，就打开了一个死刑犯的口，着实体现了高超的口才。

要打动对方，关键是要抓住对方的心理。对于一些人来说，赞美、投其所好等办法只会让对方嗤之以鼻，不如使用一些非常规的办法更为有用。

用适当的话题拉近彼此的距离

推销时的商谈当然并不是一开始就完全切入正题。如果打一个招呼就开始介绍自己的商品，迫不及待地反复强调自己的商品是如何好以及购买该商品有什么好处，然后就请客户购买，这种方式的推销很难有好的结果。所以，选择适当的话题，使客户产生亲切感很有必要。

选择适当的话题，缩短与客户之间的距离，使自己逐渐被客户接受，然后把话题引向自己的商品，从而开始商谈，这样才是成功推销的正确途径。

那么，如何选择与客户接近的话题呢？这里有一条我们不应该忘记的原则：在每个人看来，这世界上最重要最亲近的人就是他自己。他所喜欢听的，当然是别人提起他自己的事。因此，最好的话题是谈起对方最关心的事。

所以，如果想要让客户喜欢你、接受你，使商谈获得成功，就有必要多花些心思研究客户，对他的喜好、品位有所了解，这样推销时才能有的放矢。曾有这样一位成绩优良的推销员，为了在商谈中能够了解对方的嗜好，他总共努力培养了23种不同的兴趣爱好。当然，他不可能23种爱好都做到样样精通，要知道，他是在了解到客户对钓鱼、围棋、高尔夫球、赛马等等颇有研究之后，为配合与他们商谈时的话题而一一学习起来的。他的努力使他得到充分的回报：销售额的提高是不在话下的，而且这些爱好一经建立，也会使他终身受益，并且越来越深入。

当然，关于对方嗜好的话题是最容易引起共同语言的，不过爱好毕竟是因人而异，最有效的方法是培养那些能引起人们普遍兴趣的项目。除此之外，还有一些话题，比如对方的工作、孩子、家庭等，都是对方所关心的，或者每个人都比较关心的。这些都可以作为引起对方兴趣的话题，由此可以把商谈导入成功的轨道。

必须记住，在推销过程中，主角永远必须是买方、是客户。而卖方必须自始至终完全扮演配角才可以。如果推销员在商谈过程中以自己为中心，只是洋洋自得地反复谈论自己的事情或只是自夸自己的商品，只管发表自己的看法，而不从买方的角度来考虑，这种谈论必定引起周围听者的反感情绪——“这家伙只会谈论自己”。最不愉快的反应恐怕会来自客户——“谁听你的？”照这种情形，推销的失败是可以预期的了。当推销员终于结束他的高论而向客户说出“请您购买好吗？”时，得到的反应恐怕只会是冷冷的两个字：“不买。”

美国黑人成功人士约翰逊对此有很深的体会，他把这一点称之为“投其所好”。你和你的顾客可能在许多问题上有不同的看法，但是你游说他时你所要强调的，是你们的共同价值观念、希望和抱负。也就是说，你必须找到你们之间的共同话题。

约翰逊是这样说的：

我去拜访顾客虽然只谈5分钟，可是我事先要花几个月的时间做准备。等到开始会见时，我已经知道了那个人的兴趣和爱好。

有一次，我就是用这个办法拉到了森尼斯无线电公司的广告。当时该公司的负责人是麦唐纳，他是个精明能干的主管。我写了封信给他，要求和他当面谈谈森尼斯公司广告在黑人社会中的重要性，麦唐纳立即就回了信（我可以断定他只是想摆脱我），说：“来信已经收到，不过我不能见你。我并不主管广告。”

我并不气馁。我在一生中每到达一个转折点时，人们起初总是对我说“不”。我不能让麦唐纳用这么随便的一封回信就避开我，我拒绝认输。

“好。”我想，“他既然是公司的负责人，却不管广告。那么他管什么？”答案很明显，他管的是政策，相信也包括广告政策。于是，我又写了封信给他，问他我可不可以来拜访他，谈谈他关于在黑人社会进行广告宣传的政策。

“你是个坚持不懈的年轻人。”他回信道，“我决定见你。不过，你要是想谈在你的刊物上登广告的事，我就立即结束访问。”

这就引起了一个新的问题。我们能谈什么？

我翻阅美国名人录，发现麦唐纳是一位探险家，曾经到过北极，时间是在汉森和比尔准将于1909年到达北极的那次著名探险之后几年。汉森是黑人，他曾就本身的经历写过一本书。

这是个我可以利用的机会。我叫我们驻纽约的编辑去找汉森，请他在自己的一本书上签名，以便我们送给麦唐纳。此外，我又想起汉森是个可让我们写篇文章的好题材，于是我从还没有出版的7月号《黑檀》月刊中抽去一篇文章，而以一篇介绍汉森的文章代替。

麦唐纳在我走进他的办公室时，第一句话就说：“看见那边那双雪鞋没有？那是汉森给我的。我把他当作朋友。你看过他写的那本书吗？”

“看过。”我说，“凑巧我这里有一本，他还特地在这本书上为你签了名。”

麦唐纳翻阅那本书，显然感到很高兴。接着，他以带有挑战性的口吻说：“你出版一份黑人杂志。在我看来，黑人杂志上该有一篇介绍像汉森这样的人的文章才对。”

我对他的意见表示同意，并将一本7月号的杂志递给他。他一面翻阅那本杂志，一面点头称许。我告诉他，我创办这份杂志的目的，就是宣传像汉森这样克服一切障碍而最终达到最高理想的人。

“你知道吗？”他说，“我看不出我们有什么理由不在你的杂志上刊登广告。”

约翰逊之所以成功，就是因为他在推销之前做了大量的准备工作，找到了双方共同的话题，投其所好，实现了自己的目的。

运用让人容易接受的说法

要使买卖迅速成交，就要让客户迅速接受你说的一切。你的语言要热情，要易于接受才会达到这个目的。

内容和中心意思都一样的话，由于所用的说法不同，产生的效果可能会大不相同。有的可能会让人觉得亲切，易于接受；有的则让人觉得生硬，因而不为所动。请看下面一个较好的例子：

“请全家人一起来吃一次火锅和水饺，过一个快乐的周末吧！”这种说法让人备感亲切温馨，因而极具诱惑力。相比之下，“这是正宗神户牛，是最高级的牛肉”。这样的说法就显得蹩脚。

通常，只是反复强调一种商品的优点，未必能发挥太大的作用。因为不管什么商品，它的价值只有在使用之后才能得以证明，所以使用前的空洞说明往往说服力不会太大，而真正高明的做法应当是主动向客户说明购买某种商品后会带来的各种好处。对这些好处的详细、生动、准确的描述，才是引导客户购买商品的关键。

比如：“这种传真机目前的速度已经达到12秒了。”这样的性能说明叫人难以感觉到什么直接的好效果。若换一种说法：“使用这种传真机，每传送一张，在市内可以节省××元的费用，在市外则可以节省××元。”这样说来，使人一听就知道：“噢，原来会有这样的好处。”

一般来说，说明购买某一商品会带来益处时，应该围绕客户的需要，应该站在对方的立场上来考虑：“如果是我，为什么要买这个东西呢？”朝着这个方向去思考去努力，必能深入到客户所要达到的目标，也就能抓住所要说明的要点。

下面是一个很好地掌握顾客需要而作出了有效说明的例子。从这个例子中，我们可以体会优秀推销员想问题的角度和采用的说法。

一位顾客走进一家家电行，她想买台冰箱，但拿不定主意该买哪一种比较好。于是她向店员询问：“我该买大一点的呢，还是小一点的？”这时，过来一位业绩良好、很有经验的推销员，这样告诉她说：“这台大的比较好一些，夏天你不仅可以为每一个家人准备好冷毛巾，甚至还可以将您先生的家居服装放进里面，使他度过一个凉爽的夏天。相信您和您的家人都会为此感到高兴的。”于是，那位顾客点头作出决定：“是啊，那我就买这一台了。”体会一下这位推销员的说法，是不是你也会觉得不太容易拒绝呢？

改变思维，循循善诱。实际生活中，有的顾客是带着固定思维走进商店的，如果只用简单的语言，直来直去加以介绍，顾客是很难产生购买欲望的。倘若用诚恳的态度，高超的经营技巧，便会改变其原有的想法，乐意接受同类产品，使商机再现。

一天，一位妇女走进百货店向女店员问道：“有没有灰手套？”“抱歉，已经没有了。”女店员虽然说了声抱歉，但态度冷漠，这位妇女也便失望地离去。

一会儿，又有位妇女走过来问道：“有没有银灰色的手套？”这时，一位老店员迎上前去，爽声答道：“很抱歉，刚刚卖光，再过几天才能进货。进货前，能不能用白色的代替呢？”

“但是……”“白色手套更醒目，与您的时装更相衬。最近，比较流行这种白色手套。”

面对老店员的恳切之情，这位女士说：“好，我买白色的。不过，手套爱脏。”

“对，白色确实容易脏。这样就要勤洗，我想如果再有一副可替换的，那就方便多了。”

老店员柔和的声调，诚恳之情溢于言表，有着无比的吸引力和令人难以抗拒的魅力。这位女士听后立即露出了愉快的笑容，高高兴兴地买了两副。

这便是老店员的“花言巧语”“软化”了女士的思想，导致她慷慨解囊。

要使别人能够接受你的说法，你就要替别人着想。把产品能够满足对方需要的优点说出来，对方就会接受你的话语。

让你的语言变得形象生动

说话是一种能力。怎么把话说得好听，让人爱听，打动人心，不是与生俱来的，而是不断练习培养出来的一种能力。当然，与言语相关的知识能力的多寡，也会影响到这种说话的能力，而说话的能力则影响到一个人的成败。

不可否认，每个人都会说话，但是每个人说话的效果是不一样的，这就是能力的问题了。同样的一句话，有的人能用很简练的语言把事情表述清楚；有的人则啰啰嗦嗦说了一大堆，还让人听得似懂非懂、一头雾水。你选择用怎样的思维逻辑来组织你的语言，这就决定了说话能力的高低，也就直接导致了说话效果的好坏。

美国加州大学洛杉矶分校教授亚伯特·麦拉比是人际沟通的专家，根据他的研究分析，人与人之间说话沟通的时候，仅有三项因素影响沟通的进行：人说话的遣词用字、声调、表情动作，会影响讯息的可信度。所谓遣词用字指的就是你会用什么字去表达讯息本身的内容。这一点直接影响到你所说的话是不是表达清楚了自己的意思，而对方是不是能够很好地理解你所要表达的意思。

所以，在你与他人沟通的过程中，说话首先就要注意语言用词的运用，力求让你的语言变得形象生动。

马克·吐温说：“……用字极具威力，每当我们用对了字眼，我们的精神和肉体都会有很大的转变，就在电光石火之间。”的确，用对了字眼不仅能打动人心，同时更能带动行动，而行动的结果便展现出另一种人生。

当帕特里克·亨利慷慨激昂地说道：“我不知道其他的人要怎么做，但就我而言，不自由，毋宁死。”这句极具感召力的话，激发了美国人的决心，使他们誓要推翻长久以来压在他们头上的苛政，结果造成燎原之火，美利坚合众国由此诞生。

著名主持人欧阳夏丹采用的是说新闻的形式，在人们的印象中，新闻是用来播报的，而要说，还要说得明白、清楚，那不光需要字正腔圆的专业播音技巧，还需要过人的语言组织能力。其实，刚开始，欧阳夏丹给自己定位的目标，是国际频道《中国新闻》的主播徐俐，“她那种干脆、利落、威严的感觉特别好，我在上海做新闻时模仿过她，可刚开始几天还行，时间长了，别说观众觉得不舒服，就你自己都会觉得不舒服。后来发觉那不属于自己。”慢慢她找到自己的感觉，笑着说新闻，笑着与观众交流。她成功了，她找到了自己，也就找到了魅力所在。

说得出来是一种能力，有的时候你说得出来更能为自己赢得机会。

一家公司的公关部有两个小组，两个组长都在明争暗斗地想当上公关部经理。恰逢公司搬家，一组组长对大家说，争取在这次搬家的过程中好好表现。因此全组齐心协力，热火朝天地干起来。等到二组的人马赶到的时候，市场部的新办公室已经变得窗明几净了。

正在此时，老板也到了，说："嗬，收拾得真干净呀，一组的同志们辛苦了！"

一组组长洋洋得意："谢谢您的夸奖。"

接着老板又说，"我们那层现在还是一片狼藉呢。新来的几个小孩一点也不会干活，什么事都叫我操心！"

言者无心，听者有意！二组的组长听出这话外有音，抢先说："哦，那我们立刻上去收拾，您今天辛苦了，先歇会吧！二组的都跟我上楼！"

可想而知，一组的功劳虽大但却远不如二组在老板心里留下的印象深。

做事固然不能光要嘴皮子，但是也不能像老黄牛一样只做不说。《财富》杂志的副主编威尔·华盛顿说："如果真想有什么作为，我建议还是先学学如何吸引众人的目光吧。"想要自己脱颖而出，除了脚踏实地地工作，还要学会向公众推荐自己，让他们认可自己！

当漂亮、生动地说话能够产生如此巨大的作用的时候，我们说口才是一个人成功最重要的因素之一就不为过了。在富兰克林的自传中，有这样一段话，"说话和事业的发展有很大的关系，你出言不慎，将不可能获得别人的合作，别人的帮助。"

诚然，成功需要很多的重要因素，但是口才绝对不可或缺，可人们总是很容易忽略这一点。在今天这样的信息时代，交流看法、接洽事务、交际应酬、传递情感等都离不开口才。要想成为一个受欢迎的人，就得会说话、有口才。谈吐是思想的衣裳，在粗劣或优美的措辞中，展现出不同的品格，也就会得到不同的人生际遇和结果。

设法动摇对方的心理防线

劝说是一种常见的极有说服力的语言方式。在日常生活中，需要劝说的事情比比皆是。劝说之所以备受青睐，是因为它是用“情”打动对方。

由于劝说对象及需要解决问题的性质不同，劝说方法不可能有一个固定的模式，但有些共性的规律却是不能违背的。

要说服别人，最大的障碍就是对方的“心理防线”。因此，设法动摇对方的心理防线，是说服对方的关键所在。那么，如何动摇对方的心理防线呢？除了要晓之以理，具有充实的内容外，更要动之以情，掌握一定的方法和技巧。

1．在尊重对方的基础上进行劝说

人都是有自尊心的，任何人都希望得到别人的尊重，即使是学生、孩子也希望得到老师、家长的认可。而一个人在受到别人尊敬时，心情会特别的轻松愉快，在这种情况下劝说对方，往往会取得事半功倍的效果。

2. 强调与对方在某些方面的相似之处

找出与对方彼此一致的共同点，便可产生“自己人”的效应，不仅导致彼此喜欢，还可导致互相信任。在一些著名的演说家的演说词中，常常出现这类词句：“我们所想的”“我们这种表现”等。他们常以“我们”替代“我”这个词，这样在听众中就会达成一种共识：这是我们大家的，从而产生了一种共鸣。演说家的高明在于把自己融于听众之中，让听众接纳他，从而令听众成为被说服者。在我们的日常生活中，要想劝说成功，不妨也使用演说家这种惯用的说服技巧，挖掘自己与对方的相似因素，譬如文化背景方面、年龄方面、社会经历方面、工作专业方面、思想感情方面、兴趣爱好方面等。

3. 以对方的立场为出发点

站在对方立场来看待问题确实不容易，但却不是不可能。许多口才不错的人都能做到这一点。因为若不如此做，说服成功的希望绝对是很小的。为了达到目的，说服高手们会努力地从他人的角度来设想，并且乐此不疲。然而，他们也并非一开始就能做得很好，而是从一次次的说服过程中吸收经验、吸取教训，不断培养自己养成这种习惯，最后才达到轻易说动人的境界。因此，只要你愿意，这并不是件天大的难事。

（1）先确认劝说到底为了谁。

说服他人，并不是为了自己，而是为对方着想。如果你心中认为：“那是再自然不过的了。”你便握有成功之论。但能够做到这一点的人却寥寥无几。在劝说时，几乎所有的人都会忘记这个最基本的东西。因此，无论你学会多少技巧也无法顺利成功。所以，当你准备开始说服某人时，务必事先确认此次行动是为了谁。成功的劝说，应建立在为对方利益着想的基础上，这一点万万不可忘记。

（2）坦白内心真实的想法。

在你企图说服他人前，必须明白确定你究竟希望对方做出怎样的行动。具体而言，这时的你只需考虑自己的想法，无须顾忌对方的情况。试着直接披露你真正的想法吧，如此一来，你的劝说内容究竟是利己呢？还是在为对方着想？答案不言而明。在这一阶段请先要求自己做到坦白内心真正的想法。

（3）设身处地为对方设想。

一般而言，之所以会造成将自己的意志强加给对方的局面，是因为没有事先设想到对方会有哪些反应。请在进行说服前先假设自己是那位被说服的对象，面对这样的劝说会做何感想？

要完全避免将自己的意志强加到别人身上，你得事先做好充分的调查，其具体步骤如下：

①已经设定的劝说目标，自己是否能够接受？

②若不能接受，别人能够接受的程度是多少？

③自己是否能够接受自己常用的劝说方式？

④听到什么样的劝说内容，你才肯付诸行动？

（4）本着劝说是为对方着想的观念。

在弄清自己真正的目的后，如果贸然付诸实践，依旧很容易导致失败。因此，还必须再站在对方立场上考虑，同时加以研究。当然，由于立场不同，结果必会相互抵触。那么，两者之间的差异究竟是什么？是否能够消除？如果不能消除又该怎么办？而能够消除的具体方法到底是什么？纵观这些问题，其实只要你的头脑里存在“劝说是为对方着想”的观念，一切自能迎刃而解。

4. 多制造见面的机会

为了及早开始说服的动作，你应该多制造一些机会与对方见面。人往往就是这样，熟悉之后对方就会渐渐对你敞开心胸。当然，这其中无论是哪一次会面，你的表情和态度都要温和丰富，千万不可面无表情或态度恶劣，否则对方根本不会搭理你的。

你的谈话不可以给对方造成负担，更不要让他们产生反感。为了达到这一目的，切忌在谈话一开始时就直接涉及说服主题，最好可以简单谈谈其他话题。不过，这一点是可以依据对方的性格而进行调整的。千万要注意的是，自始至终，你都应该保持温和的态度，必要时可以顺从对方。

想要给对方留下良好的印象，在每次告别前的表现显得尤其重要。在每次告辞之际，你要千方百计地让对方感受到你很想再见到他们，不过最好不要直接说出来。即使之前的对话与你某些观点仍有部分相违背，也不可让对方留下坏印象。因此，告辞之际更要记得面带笑容，记得与对方握手或挥手告别。这样对方会觉得你这个人很温和，很有礼貌，较容易产生想再进一步与你洽谈的念头。

如此一来，你的说服工作一切就绪，要不了多少工夫，对方就会“招架”不住你的攻势而俯首称臣，使你的说服大获全胜。要记住，其中最主要的是掌握主动权。

用赞美话打动对方

爱美之心人皆有之，每个人都具有不同的个性，也都具有不同的优缺点，每个人都在乎外界对自己的肯定和赞扬。抓住每个人的个性，赞美他们的优点，是说服他人的有效手段之一。真诚的赞美，会使你获得良好的说服效果，会让你感到其乐融融。

喜欢听好话受赞美是人的天性之一。每个人都会对来自社会或他人的得当赞美而使自尊心和荣誉感得到满足。而当我们听到别人对自己的赞赏，并感到愉悦和鼓舞时，不免会对说话者产生亲切感，从而使彼此之间的心理距离缩短。人与人之间的融洽关系就是从这里开始的。美国哲学家约翰·杜威说："人类最深刻的冲力是做一位重要人物，因为重要的人物常常能得到别人的赞美。"林肯知道赞美的重要性，他曾以这样一句话作为一封信的开头："每个人都喜欢赞美的话，你我都不例外……"

有一位工程师史先生，他想要降低房租，可他知道房东是相当顽固的，他说："我写信给房东，告称在租约期满后，准备迁出，实际上我并不想迁居，只希望能减低租金。但依情势来看，不会有太大希望，因为许多的房客都失败过，那房东是难以应付的。不过我正在学习如何待人的技术，因此我决定试验一下。房东收到我的信后，不出几天就来看我，我在门口很客气地迎接他，我充满了友善和热诚，我没有开口就提及房租太高，我开始谈论我是如何的喜欢他这房子，我做的是'诚于嘉许宽于称道'。我恭维他管理房舍的方法，并告诉他很愿意继续住下去，但是限于经济能力不能负担。"

"显然，他从未接受过房客如此的肯定和款待，他几乎不知如何是好，于是他开始向我吐露，他也有自己的困难。有一位抱怨的房客，曾写过十多封信给他，简直是在侮辱他，更有人曾指责，假如房东不能增加设备，他就要取消租约。”

“临走时他告诉我：‘你是一个爽快的人，我乐于有你这样一位房客。’没有经过我的请求，他便自动减低了一点租金，我希望再减一点，于是提出了我的数目，他便毫无难色地答应了。当他离开时，还问我：‘有什么需要替你装修的吗？’”

“假如我用了别的房客的方法去减低租金，一定会遭遇他们同样的失败，可是我用了友善、同情、欣赏、赞美的方法，使我获得了胜利。”

当然，赞美别人要真心，要恰如其分，不要言过其实。说得天花乱坠，过了头的就不是赞美，而是“拍马屁”了。因人、因时、因地、因场合适当地赞美人，是对别人的鼓励和鞭策。年轻人爱听风华正茂、有风度的赞语；中年人爱听幽默风趣、成熟稳健的赞语；老年人爱听经验丰富、老当益壮、德高望重的赞语；女同志爱听年轻漂亮、衣服合体、身材好的赞语；孩子爱听活泼可爱、聪明伶俐的赞语；病人爱听病情见好、精神不错的赞语。

取人之长补己之短，抬着头看别人，你就会越走越高。反之总觉得别人不如自己，高高在上，低着头看别人你就会越走越低。善于发现别人的长处，还必须善于赞美，赞美别人的同时，你的心灵得到净化，你就会发现世界无限美好，人间无限温暖。

赞美有时也无须刻意修饰，只要源于生活，发自内心，真情流露，就会收到赞美之效。但要更好地发挥赞美的效果，也需要注意以下几个要点。

1. 实事求是，措辞恰当

当你准备赞美别人时，首先要掂量一下，这种赞美，对方听了是否相信，第三者听了是否不以为然，一旦出现异议，你有无足够的理由证明自己的赞美是有根据的。

一位老师赞美学生们：“你们都是好孩子，活泼、可爱、学习认真，做你们的老师，我很高兴。”这话很有分寸，使学生们既努力学习，又不会骄傲。但如果这位老师说：“你们都很聪明，将来会大有出息，比其他班的同学强多了。”效果就大不一样了。

2. 赞美要具体、深入、细致

抽象的东西往往不具体，难以给人留下深刻印象。如果称赞一个初次见面的人“你给我们的感觉真好”，那么这句话一点作用都没有，说完便过去了，不能给人留下任何印象。但是，倘若你称赞一个好推销员：“小王这个人为人办事的原则和态度非常难得，无论给他多少货，只要他肯接，就绝对不用你费心。”那么由于你挖掘了对方不太明显的优点，给予赞扬，增加了对方的价值感，因此赞美起的作用会很大。

3. 热情洋溢

漫不经心地对对方说上一千句赞扬的话，也等于白说。缺乏热情的空洞的称赞，并不能使对方高兴，有时还可能由于你的敷衍而引起对方的反感和不满。

4. 赞美多用于鼓励

鼓励能让人树立起自信心。自信是成功的一半，用赞美来鼓励对方，能达到事半功倍的效果，尤其在“第一次”。无论任何人做任何事情，都有第一次的时候，如果对方第一次做得不好，你应该真诚地赞美一番：“第一次有这样的表现已经很不容易了！”别人会因为你的赞美而树立信心，下次自然会做得更好。

对别人的赞美要客观、有尺度、出于真心，而不是阿谀奉承、刻意恭维讨好，这样做会适得其反，会引起别人反感。赞美之辞既是对别人成绩的肯定，使听者感受到自己存在的价值，激发他人努力去做出更大的成就，与此同时自己也能获得无限的快乐。而扼杀人与人之间最为宝贵的真诚乃是妒忌，见不得别人比自己有地位、有成就，见不得别人比自己有钱。这样的心态，是无法说出真诚的赞美之词的。说出真诚、由衷的赞美是需要雅量的。

第3章
有理有据，让人发自内心佩服

语言的本质是一种说服的工具，人们沟通交流的一个重要目的就是说服对方。而要让自己的语言令人信服，就必须做到言之有理。当你说话显得有理有据、逻辑严谨的时候，他就会发自内心地佩服你。

循序渐进地把道理说明白

很多时候，我们很难直接而有效地说服别人，这时，我们应该采取迂回战术，避开正面的语言交锋，而从侧面寻找突破口，循循善诱地说服别人。迂回诱导能够增强说服力，往往能够激起对方思想上的波澜，让对方在思考中明白事理。

登山之路，迂回曲折，多绕一点路，却能顺利达到山顶。以诱导技巧说理，尽管多费一点口舌，却能使对方心悦诚服。例如下面这个事例：

赵惠文王驾崩，由孝成王继位。当时孝成王还年幼，就由他的母亲赵太后摄政。秦国趁机大举攻赵，赵太后转而向齐国求援。齐国提出了严苛的条件——“一定要以长安君作为人质，否则就不出兵。”长安君是孝成王最小的弟弟，赵太后最小的儿子。

赵太后听完坚决拒绝了齐国的要求，无论重臣们如何竭力劝谏她都不答应，还说：“如果再有人让我把长安君送去当人质，我就将口水吐到他的脸上。”然而，左师触龙却以迂回诱导、寓情于理的说话方法，说服了赵太后。

左师触龙故作若无其事的样子，慢慢地走了进来，首先抱歉地说：“我的脚有点毛病，行走困难，所以许久未向您请安，但又担心太后的健康状况，所以前来晋见……”

“我都是以车代步。”太后说。

“那饮食方面呢？”

“都是吃粥。”

“我最近也是食欲不振，所以我每天要固定地散散步，以增加食欲，也可以使身体健康一些。”

“我可不能像你那样。”

一阵寒暄之后，赵太后的表情才稍稍缓和了下来。

触龙又说：“我有个小儿子，名叫舒祺，非常不成材，真叫我感到困扰。我的年纪也大了，希望在我有生之年向太后请求，给他个王宫卫士的差事，这是我一生的愿望啊！”

“可以，他今年几岁了？”

“15岁，或许太年轻了，但我希望能在生前将他的事情安排好……”

“看来你也是疼爱小儿子的。”

“是啊，而且超过了做母亲的。”

“不，母亲才是特别疼爱小儿子的。”

触龙以为小儿子舒祺谋事做借口，终于引出了赵太后的小儿子——长安君的话题：“是吗？我觉得太后比较疼爱长安君嫁到燕国的姐姐。”

“不，我最疼爱的是长安君。”

触龙说：“如果疼爱孩子，一定要为他考虑到将来的事。当长安君的姐姐出嫁时，你因不忍离别而哭泣，之后又常常挂念她的安危而掉泪，每当有祭拜时，你一定祈求她‘不要失宠而回赵国’，而且希望她的子孙都能显能达贵，继承王位。”

“是啊，是这样的。”

“那么请你仔细想想看，至今为止有哪位封侯的王族能持续三代而不坠的。”

“没有。”

“不只是赵国，其他的诸侯怎么样呢？”

“也没有听说过。”

“为什么呢？所谓祸害近可及身，远可殃及子孙。王族的子孙并非全是不肖者，但是他们没有功绩而居高位，没有功劳而得到众多的俸禄，其最终结果就是误了自己。现在您赐给长安君以崇高的地位、肥沃的封地，却不给他建立功绩的机会，您百年之后，长安君的地位能保得住吗？所以我认为您并没有考虑到长安君的将来，您所疼爱的是长安君的姐姐。”

赵太后被触龙的话说服了：“好吧，一切就按照你的意思去做！”

左师触龙运用迂回诱导的方法，一步步地说服了赵太后。

在日常生活中也有这样的例子：当你要求别人做一件事，或是指责别人哪里有过失的时候，你要尽量选择对方感到有回旋的话，把主动权仿佛送给了对方。例如，某一员工衣帽不整，有碍企业形象，你可以说：“这样还算挺好的，但如果能够再把这个颜色换一下，会更好些。”这样的话语就会使员工乐于接受，也就心悦诚服地改正。

委婉的语言是曲折地表达自己的意思，听者认为你是为他着想，或者感到合情合理，这就容易达到自己的目的，也给人以教育或启迪。

在实践中，迂回诱导法主要用于以下两种情形：

（1）对方提出的问题，你不能如实答复，也不便直接否定，这时，不妨借用对方的观点做出迂回的表达。

（2）如果对方的论证没有理性，使你难以接受其观点，这时不妨也非理性地提出对抗性的命题，当对方表示质疑的时候，你就可以以此反驳他原来的结论。

在说服别人的过程中，不能只讲空洞的大道理，而应该把道理讲得具体而生动，循序渐进地把道理说明白，诱导听者进行思考，使听者在思考中接受你的说服。迂回委婉的表达方式，语言得体，还可以增强语言的丰富性和生动性，达到“言有尽而意无穷，众意尽不在言中”的效果。

妙喻说理术效果好

妙喻说理术，是辩论家最常用的谋略武器之一。为了引导对方认识某个道理，需借助某一个类似的事物加以说明和描述，能把抽象的道理说得具体，能把深奥的哲理讲得浅显，能把生疏的事物说得熟悉。

刘向《说苑》中有一个这样生动的故事：

有人对梁王说：“惠子这个人说话善于打比喻。假若大王您不让他打比喻，那么，惠子就没法说话了。”于是，梁王对惠子说：“希望你今后说话时不要打比喻了。”

惠子回答说：“假若有个人不知道‘弹’为何物，您告诉他‘弹就是弹’，您能明白吗？”

梁王说：“当然不能明白呀！”

惠子接着说：“如果您改换一种说法，告诉他：‘弹的样子像弓，弦是用竹子做的。’那么，他该明白了吧？”

梁王说：“当然明白了。”

惠子说：“我要把我知道的事物告诉不知道这个事物的人们，您说不打比喻行吗？”

梁王说：“不打比喻是不行的。”

这个故事中，本来梁王是不让惠子再打比喻，可是惠子又悄悄地打了一个比喻，说服了梁王。可见，比喻的力量还是很强的。妙喻说理术的妙用，能使善辩者以一个比喻，战胜百万之师，是克敌制胜的绝招。

季梁听到魏王要攻打赵国邯郸的消息，赶去拜见魏王，说：“今天我来的时候，在大路上看到一个人，正驾着车往北赶，他告诉我说，想到楚国去。我说：‘你要去楚国，为什么往北走呢？’他说：‘我的马好！’我说：‘马虽然好，这不是通往楚国的路呀！’他说：‘我的盘缠多。’我说：‘钱虽多，这还不是通往楚国的路啊！’他又说：‘我的车夫本领高。’这几个条件越好，而离楚国也就越远！今天大王想成霸业，须举信于天下。但你仗着国力强大、军队精锐而去攻邯郸，以此扩大土地，提高威望。大王做的事越多，离称霸的目标反而越远！这和那人要去楚国却往北走一样啊！”终使魏王改变了初衷。

妙喻说理术以生动鲜明的喻体吸引对方去思考，往往能使对方冷静深思，豁然顿悟。比喻，堪称跟人沟通、说服人的有力武器。比喻制造的幽默，能够使深奥的东西浅显化。妙喻说理术是古今辩论家最常用的武器，是舌战谋略的精华、交战中的“常规武器”。

庄周是战国时期著名的思想家，他一生过着清贫的隐居生活。一天，庄周的家里又揭不开锅了，妻子叹息着一再催促庄周出去想点办法。庄周万般无奈，决定到他的好朋友监河侯那里去借点粮食，以解燃眉之急。

事不凑巧，监河侯正在忙着收拾行装准备外出，见到庄周后连忙寒暄：“多日不见，庄兄大驾光临，不知有何见教？”庄周直截了当地讲明了来意。监河侯说：“借粮之事好商量。我正要进墟收租金，等我收完租金回来，再借给你三百两银子，好吗？”说完，就要动身上路了。

庄周听了监河侯的回答，心里又气又急，心想：“你到城里来回一趟要半月之久，等你回来，我一家老小岂不是全饿死了吗？”

好在庄周的口才远近闻名，他略一思索，对监河侯说：“仁兄且慢，你陪我喝完这杯茶再走好吗？”监河侯无奈，只好又坐了下来。

庄周一面喝茶，一面对监河侯说：“昨天，在我离家来你这的路上，听到有呼救的声音。我四处张望，并未看到有什么异样的情况，最后，在路旁的一道曾经积过水的干水沟里，发现一条快要干死的小鱼，在那里张大嘴呼救呢。于是我问它：‘小鱼呀小鱼，你从哪里来，怎么变成了这个样子呢？’小鱼回答我说：‘我从东海来，现在快要干死了，你能不能给我一小桶水，救我一命呢？’我回答它说：‘要水吗？这好办，你等着，我去见越国和吴国的大王，请他们设法堵住西江的水，然后，把西江的水引来迎接你回东海，好吗？’小鱼听了很生气地说：‘我在这干水沟里快要干死了，只要一小桶水就能活下去。如果照你的打算，等到西江水引来的时候，那就只能到卖干鱼的货摊上找我了。”

听到这里，监河侯羞得满脸通红，立即吩咐家人，到粮仓去满满地装了一袋粮食，借给庄周。庄周接过粮食，谢过监河侯，兴冲冲地回家了。

在这个故事中，庄周对朋友的冷淡并未斥责，也未哀求，而是以讲故事的方式巧妙比喻，让监河侯自己去领会言外之意，收到了极好的效果。

就事论事讲道理

“动之以情，晓之以理”，这是劝导说服别人的最根本的两条原则。以理服人就是摆事实，讲道理，只有从你讲的道理中领悟到其正确性，从而接受你的意见，按照你的意见行事。需要注意的是劝导说理要对准要害。大多被劝者往往对某一问题想不开，心里结了疙瘩，怀有成见。要说服他，就非对准这个要害不可。否则，喋喋不休，磨破嘴皮，也是隔靴搔痒，不能解决问题。再就是劝导说理要具体实在，既不能讲空话、套话、大话，也不能像某些报告那样“宽正面，大纵深”，需要的是实在的论证说理。

下面请看陈毅同志说服一个私营工商业者的故事。

解放初期的一天，陈毅市长到一家纺织厂里，他笑着说：“老板，我冒昧来访，欢迎不？”

这位老板正为一件事发愁，便发起牢骚来：“陈市长，今天工会又来要我废除‘抄身制’，真是不当家不知柴火贵。工人下班有抄身婆搜身，还经常丢纱呢！如果取消抄身制度，纱厂不被偷光才怪呢！”

陈毅品了口茶，不紧不慢地说：“要说办工厂、买机器，我要拜你为师。因我只当过工人，没有经营过工厂嘛！要说管理工人，教育工人，你要向我学习哩！我参加了革命，就一直宣传群众，组织群众，在这方面我可以给你当参谋，还带‘长’呢！你倒是要我这参谋，还是不要？”

经理连声说：“要，要，请您快说。”

“我在法国当过工人。那个工厂大得很，老板也比你厉害得多。厂子四周筑起高墙，拉上电网，还雇了一大帮带枪的警察，对每个下班的工人，从头搜到脚，那过细的劲头，身上硬是连一根钉也藏不住。但结果呢？原料、零件还是大量丢失，为什么呢？老板把工人只当成会说话的工具，劳动很重，工资很少，工人实在无法养家糊口，工厂赚了钱对工人毫无好处，他们为什么不拿呢？现在不同！工人翻身当了主人了，他们懂得生产经营搞得好，新中国才能富强起来，工人才能改善待遇。你们虽是私营企业，但也是新民主主义经济的一个组成部分，一样可以有利于国、有利于民。所以，依我之见，你应该在纺织业带头，用我的办法试试看，废除抄身制，关心工人利益，待工人如朋友，如弟兄，有困难多与他们商量着办。我相信眼前的困难会克服的。"

经理听了连连点头："想想是有些道理。"第二天，他就主动找工会研究，决定废除抄身制。

陈毅同志一番话，使资本家奉若神明的"抄身制"取消了，足见劝说有术，言之有力，这正是以理攻心的威力。

以理服人最重要的一点是摆事实，出言有据，事实确凿，对方的观点就会不攻自破。

萧何是汉初的名臣，有一次他向汉高祖刘邦请求将上林苑中的大片空地让给老百姓耕种。

上林苑是为皇帝游玩、嬉戏、打猎、消遣的园林。刘邦一听萧丞相居然要缩减自己的园林，不禁勃然大怒，认为萧何一定是接受了老百姓的大量钱财，才这样为他们说话办事的。于是下令把萧何逮捕入狱，同时审查治罪。当时的法官廷尉为讨好皇上，只要皇上认定某人有罪，廷尉官不惜用大刑使犯人服罪。

就在这紧要关头，旁边一位姓王的侍卫官上前劝告刘邦说："陛下还记得原来与项羽抗争以及后来铲除叛军的时候吗？那几年，皇上在外亲自带兵讨伐，只有丞相一个人驻守关中，关中的百姓非常拥戴丞相，假如丞相稍有利己之心，那么关中之地早不是陛下的了。您认为，承相会在一个可谋大利的情况下而不谋，反而会贪占百姓和商人的一点小利吗？”

简单几句话，句句击中要害。刘邦深有感触，终于认识到自己的鲁莽，对不起丞相的一片诚心，自己感到非常惭愧，于是当天便下令赦免萧何。

汉代的另一位开国元勋周勃，曾经帮助汉室铲除吕后爪牙，迎立汉文帝，有定策安邦的大功。可后来当他罢相回到自己的封地后，一些素来忌恨周勃的奸佞小人便趁机向汉文帝诬告周勃图谋造反。汉文帝竟然也相信了，急忙下令廷尉将周勃逮捕下狱，追查治罪。按汉代当时的法律，凡是图谋造反者，不但本人要处死，而且要灭家诛族。

就在周勃大祸临头的时候，薄太后出来劝文帝说：“皇上，周勃谋反的最佳时机是您未即位时，当时先皇留给您的玉玺在他手上，而且他还统率着主力部队，但是周勃一心忠于汉室，帮助汉室消灭了企图篡权的吕氏势力，把玉玺交给了陛下。现在他罢相回到自己的小小封国里居住，怎么反而在这个时候想起谋反呢？”听了这话，文帝的所有疑虑都没了，并立即下令赦免了周勃。

薄太后凭着三寸不烂之舌，动之以情，晓之以理来劝说文帝，不但为周勃洗去不白之冤，而且还保全了他性命。可谓语言魅力之大矣。就事论事讲道理，是每一个想要成大事者都必须修炼的一种语言功夫，通过短短几句切中要害的话，也许就可以成就一个人的未来。

劝说固执的下属要注意方式

对固执的下属要找到他之所以固执的原因，这才是关键所在，另一个办法就是“请君入瓮”，让他掉进自己的圈套，不服不行。

所谓劝阻对方，即指运用交际技巧说服对方放弃固执、愚蠢、鲁莽、不智的举动，一方面避免不理智行为可能造成的严重后果或损失，另一方面也要令对方心服口服，使其自觉审视和放弃自己的举动。真正达到以上两部分目的的劝阻才是成功的劝阻。作为领导，对于如何劝说固执的下属尤其要注意方式与方法。

1．抓住要害劝阻

有时候，我们的真诚劝阻之所以没有成功，很多情况是因为我们没有抓住对方固执自己行动所给自己造成的危害。“打蛇打七寸”，抓住对方切身利益的损失，会使他的心弦受到颤动，促使他做深入思考，从而放弃自己消极的、错误的行动。

某剧场门前不许卖瓜子、花生之类的小食品，怕的是污染环境，影响市容。唯有一位年近六旬的老太太可以例外。用剧场管理员的话说就是：“这老太婆年岁大，嘴皮尖，人家叫她铁嘴，不好对付，只好睁只眼闭只眼。”某日，市里要检查卫生，剧场管理员小王要老太婆回避一下，说：

“老太太，快把摊子挪走，今天这里不许卖东西。”“往天许卖，今天又不许卖，世道又变了吗？”“世道没有变，检查团要来了。”“检查团来了就不许卖东西？检查团来了还许不许吃饭？”“检查团来了，地皮不干净要罚款的。”小王加重了语气。“地皮不干净关我屁事，他肥肉吃多了拉稀屎，能去罚卖肉的款么？”小王无言以对，悻悻而退。管理自行车的老刘师傅随后走了过来，说道：“老嫂子，你这么一把年纪，没早没晚的，又能挣几个钱呢？检查团来了，真要罚你一笔，你还能打场官司不成？再说，检查团不会天天来，饭可是要天天吃，生意可是要天天做的呐。”“嗯！姜还是老的辣。好，我走，我走。”老太婆边说边笑地把摊子挪走了。

本例中，两种劝阻方式，一个失败，另一个却成功，这其中很有学问。管理员小王之所以劝阻不成反讨没趣，就因为他只是一味地讲抽象的大道理，却没有站在老太婆的角度上耐心地帮助她分析利弊。而老刘师傅就懂得这一点，他从老太婆的切身利益出发，向她指出了只考虑眼前的小利而不顾长远利益的不良后果，使她真正认识到了自己固执行为的不明智，于是心服口服地接受了规劝。

2. 以讲故事作类比的方式

以讲故事的方式劝阻他人是一种常见的劝阻技巧，这种技巧使劝阻行为变得含蓄生动，使我们不用再浪费太多的口舌就能够让对方明白较为复杂的道理。在使用此技巧时，一定要注意遴选恰当的事例，使故事主角所处的环境和所遭受的不幸能够与对方产生明显的对应关系，这样才能够启发对方，使其吸取教训，对自己类似的行动计划产生警醒。

孟子曾经就运用讲故事的方法劝服了齐宣王。孟子对齐宣王说：“有个臣子把妻室儿女托付给一位朋友照顾，自己游楚国去了。等他回来的时候，他的妻室儿女却在挨饿受冻。对待这样的朋友，应该怎么办呢？”

齐宣王说：“和他绝交。”

“假如管刑罚的长官不能管理他的下级，那该怎么办呢？”

“撤掉他的职务！”

“假如一个国家政治搞得很糟，那又该怎么办呢？”

齐宣王左右张望，无言以对，这才意识到自己落入孟子设下的圈套了。试想，如果孟子仅仅说：“国家治理不好，应该把你这个国王免掉！”齐宣王不但听不进去，还可能翻脸不认人。孟子采用类比法“诱敌深入”，等齐宣王明白了他的意图，已经无路可走，不得不听从他的劝告。

用事实说话更有说服力

说服别人不一定非得用语言。有时候，用事实说话，可能会取得更好的效果。如果对方不太认可你，那么不妨用行动证明给他看，因为行动可以说明一切。用事实来说话，比用口头语言更有说服力。

两个同龄的年轻人同时受雇于一家超市，并且拿同样的薪水。但是不久之后，杰森青云直上，而汤姆却在原地踏步。

对于这种不公平的待遇，汤姆心里十分不满。终于有一天，他找到老板，向他吐诉了自己的不满。老板一边耐心地听着他的抱怨，一边在心里盘算着该怎样向他解释清楚他和杰森之间的差别。终于，老板想到了一个很好的主意。

“汤姆，”老板说道，“今天早晨你到集市上去看一下，看看那里在卖些什么东西。”

过了一会儿，汤姆从集市上回来了，向老板汇报说，集市上只有一个农民拉了一车土豆在卖。

“有多少？”老板问。

汤姆赶快跑到集市上，回来后对老板说一共有40口袋。

“多少钱一斤？”老板又问。

汤姆只得第三次跑回集市，回来时已经累得上气不接下气了。

“好吧。”老板对他说，“现在你坐在这把椅子上，什么话都不要说，看看杰森是怎么做的。”

然后，老板把杰森叫了进来，说道：“杰森，你到集市去一趟，看看今天早晨有什么卖的。”

杰森很快地从集市上回来了，并报告说到目前为止，只有一个农民在卖土豆，一共有40袋，并且还打听了价格是多少。他说，土豆质量很不错，他带回来一个让老板看看。这个农民一个小时之后还会再弄来几箱西红柿，据他看价格也非常公道。昨天超市里的西红柿卖得很快，库存已经不多了，需要再进一些。因此，他想这么便宜的西红柿老板一定会买一些，所以，他不仅带回来一个西红柿当样本，还把那个农民也带回来了，现在他正在门外等着。

此时，老板转向汤姆问道："现在，你肯定知道为什么杰森的薪水比你的高得多了吧？"

汤姆听完，一声不吭地走了。

汤姆跑了三趟，才在老板的不断提示下，了解了集市的部分情况。而杰森仅跑了一趟，不仅掌握了老板需要的信息，还掌握了老板可能需要的信息。

在整个过程中，老板没有批评汤姆一句，也没有表扬杰森一句，只是让他们用行动来证明自己的不同：汤姆是那种上司吩咐什么自己就干什么，从不主动动脑的人；而杰森则是那种办事高效头脑灵活的人，这种人不仅能办好上司吩咐的事，还会办好与自己的工作有关的事，更好地协助老板干好工作。

因此，杰森比汤姆升得快，工资拿得多，是合情合理的。老板正是用这种方式使汤姆消除了心中的不满，从而可以安心地工作。

说服他人时，如果事理对自己有利，一定要据理力争，用事实驳斥对方的谬误，从而使得对方败下阵来。在说服时也是同样的道理，你用事实说服别人，对方自然会在你面前低下头来，并接受你的建议。

抗战期间，厦门大学的一位英籍客座教授，在一次酒会上大放厥词，诬蔑厦大不如"英伦三岛之中小学校"，说什么"欧美开风气之先导，执科学之牛耳"，他们国家有诗圣拜伦、雪莱，剧圣莎士比亚，现代生物学之父达尔文，力学之父牛顿，而中国虽然地大物博，却“国运蹇促”，又怎么称得上是“物华天宝，人杰地灵”之邦？

当时，厦门大学的校长是萨本栋，他一听这话，立即理直气壮地反驳道：“教授先生，你别忘了，中国的李白、杜甫如彗星经天之日，英伦还处于中世纪蒙昧蛮荒之时，中国李时珍写下《本草纲目》之际，达尔文的父亲祖父还不知道是何许人。”

英籍教授一听，顿时恼羞成怒，大声说道：“校长阁下，请记住，是美利坚合众国的伍斯特工学院和斯坦福大学，造就了您的学识和才能的。”

萨校长微微一笑，说道：“博士先生，我也想请您记住，中华文明曾震惊世界，没有中国远古的三大发明，也绝不会有不列颠帝国的近代产业革命，更不要提什么欧洲近代文明了。”

在这个例子中，萨校长就是抓住对方论点（即中华文明是落后的）的失误，举出大量的事实，给予有力的反驳，最后，终于使得英籍教授哑口无言了。至此，萨校长也达到了自己的说服目的。

中国有句俗话：“根基不正，其影必斜。”在说服对方时，要揭穿他们的论据的荒谬，就要用事实做依据，为自己的论点找到坚实的后盾。这样，就会使得对方不得不同意你的观点，从而放弃自己的错误观念。

三国时期，张昭攻击诸葛亮，说他这个军师比不上管仲、乐毅，其根据是诸葛亮面对曹操的进攻“丢盔弃甲，望风鼠窜”，从而导致“弃新野，走樊城，败当阳，奔夏口，无容身之地”。

对于这些攻击，诸葛亮不愠不火，而是根据事实，反驳道：“刘备起兵之初，兵不满一千，可用之将只有赵云、关羽和张飞。新野小县，粮少人稀，我们却火烧博望在先，火烧新野在后，杀得曹军十万大军心惊胆战。管仲、乐毅用兵也不过如此吧……想当年，汉高祖屡败于项羽之手，垓下一战，终于获得了最后胜利，靠的是韩信的智谋良策啊。而韩信辅佐高祖时，也并不是每战必胜的。”

在这个例子中，诸葛亮以事实批驳了张昭的论据，并且，针对他的“无容身之地”的诬蔑，援引刘邦、韩信的先例，说明“胜败乃兵家常事”，而“求决胜不求累胜”才是刘备的战略方针。张昭之流无言以对，只好败下阵来。

因此，在说服别人时，一定要找到合理的依据，据理力争，让对方在事实面前不得不低下头来。

理由充分，让对方心服口服

俗话说得好，“有理行遍天下，无理寸步难行。”说服他人不是一件容易的事情，与其说一大堆的废话，不如多讲些道理和理由，罗列些事实，让对方心服口服。

春节马上就到了，为了让自己在未来的一年里获得好彩头，有几个同事已经在给自己物色新的东家了。虽然这些小动作都是个人在私下里进行的，可是，李丽还是觉察到了其中的味道。在这些同事的影响下，李丽也蠢蠢欲动。

吃饭的时候，李丽对老公说："我想换换工作。"

老公听了，以为李丽在开玩笑，头也没抬一下，说："换工作？可以啊！说说理由。"

李丽说："第一，我已经在公司工作两年了，但工资一点都没有涨。我和老板交流过，可是，没有通过。"

老公说："穷则思变。老板不加薪，自己加！如果新工作的薪水比现在的公司高，可以换换。"

李丽接着说："第二，我们公司没有良好的企业文化，工作环境也一般。两年了，公司都没有给我们举办过培训。"

"是，这也是个理由！这对你以后的发展没好处。"

"第三，在公司，我感到很压抑，无法发挥自己的优势，晋升空间太小。我想找一个可以施展拳脚，至少有晋升机会的公司。"

"嗯，理由充分！"

"第四，我的上司刚愎自用，太过情绪化，我真的很想跟他狠狠吵上一架，然后挥一挥衣袖，说一声再见。"

"遇到这样的上司，是很辛苦的。炒老板的鱿鱼，未尝不是一种解脱的方法。"

"第五，我们的工作内容安排得非常不合理。"

"是，我也体会到了。你们除了加班，就是加班，而且还没有加班费。”

“综合这几点，我就打算重新找一份工作了。”李丽看看老公。

“看来，你工作确实不顺心，想换就换一个吧，我也帮你留意！”

为了获得丈夫的支持，李丽罗列了一大堆理由。在众多的理由面前，李丽实现了自己的“跳槽”愿望，而且，还获得了老公的支持。李丽的这个故事告诉我们：要想成功说服对方，可以将自己的理由多陈述一些，“理”多力量大！

在说服的过程中，理由是关键。理由充分，可以增加说服力。

王鹏和李星是一对好朋友，两人只要一凑到一起，便会天南海北地讨论一番。一天，两人又见面了。

王鹏问：“你知道天是什么颜色的吗？”李星就按照课本上教过的常识回答说：“天是蓝的。”然而，王鹏却说“天是黄色的”，接着便为了证明自己的观点罗列出了一大堆的理由。李星想一想，觉得有些道理。

星期二，在课余时间，王鹏又问李星：“天是什么颜色的？”顺着上次讨论的思路，李星回答说：“天是黄色的。”然而，王鹏又罗列出了一大堆根据，证明了“天是红色的”。

星期三，中午放学的路上，王鹏又和李星讨论“天是什么颜色的”。李星被搞糊涂了，近乎讨好地说：“天是红色的。”可是，答案还是不正确！王鹏又罗列出了一大堆根据，证明了“天是黑色的”。

星期四，一大早，当李星看到王鹏向自己走来，又要讨论“天是什么颜色”时，李星落荒而逃了。

王鹏的一番“道理”虽不能服人之心，却也能胜人之口。李星不得不莫名地感叹：“好厉害的嘴呀！怎么说都是他的道理。”为什么李星会被王鹏说服呢？原因是，不论王鹏提出了什么样的观点，他都能罗列出一堆“理由”来。

在说服对方的时候，我们应先做好一项准备。这项准备就是尽力搜集支持你的看法或建议的理由。没有充分的理由，再信任你的人也会犹豫不决；反之，有了充分的理由，原本无动于衷的人也会被你说动。

史建兵非常喜欢自己的女友，打算向女友求婚，为了表达诚意，他花了一夜的时间，写了一份关于求婚的理由。上面罗列了上千条的结婚理由，比如：

第一眼见到你的时候，我就喜欢上了你；

我写过好多好多的信给你，这代表了我的真心；

我想在快乐时与你分享，悲伤时与你同在；

我喜欢陪你到菜市场买菜；

我喜欢被你欺负；

你的声音令我感到心安；

我常常梦到你；

……

女孩看完了信，就答应了他的求婚。

这就是充分利用了罗列理由的方式，累积成千上万的理由来打动对方的绝妙应用。

在这里，人们要注意的是，有的理由能够使你的意见（或看法）增强说服力，但有的理由也会有损你的意见（或看法）的表达。研究表明：利用可信度高的证据能增加你的可信度，援引不合格的、不相关的证据会损坏可信度。

有出处的证据的说服力强得多。使用新的证据大有好处，新鲜的证据更有说服力。人们根据各自的态度观点来理解证据，不管你的证据质量如何，证据在与对方的信念相一致时更具有说服力。最后，在你拿出自己的论点的时候，你得让对方参与进来。假如各说各的，说服力就会很差。

说服，不是压服，总需要摆事实、讲道理来进行论证。专家认为，与人辩论时，搜集论据可以从四个方面着手。这一技巧，也可以巧妙借鉴到说服之前的理由搜集上。

1. 必需

必需是指论证己方论点或反驳对方论点必不可少的论据材料。它是与己方论点相关的论据，即由此必然能推导出己方论点的论据，或由此必然能推倒对方论点的论据。

2. 真实

真实是论据的生命，只有真实可靠的论据才能证实自己论点的正确。无论是事实论据还是理论论据，都要核实无误。论据如果失真，则很有可能反为对方所用，这种利害关系不言自明。

3. 典型

论据能否有力地论证观点，关键在于是否典型。所谓典型的论据，是具有代表性的反映事物本质的论据。这样的论据说服力很强。

4. 新颖

新颖的论据令人耳目一新，能吸引人，能收到出奇制胜之效。因此，选用新颖的论据，在论证中可以起到事半功倍的效果。

信息重复是成功说服的根本

“冰冻三尺，非一日之寒”，一个人的看法、想法和做法，都不是一天形成的，而是随着本人的成长一点点积累起来的。很多时候，即使我们的看法是对的，我们的意见是正确的，而且是对对方有益的，被说服者也完全有可能不接受它。

很多时候，别人不会被我们一“说”就“服”。这里就有现实的例子：

1995年，“白加黑”上市之后，仅仅用了半年的时间，销售额就突破了16亿元，在拥挤的感冒药市场上分割了百分之十五的份额，登上了行业第二品牌的地位。这种“白加黑”的震撼，在营销界产生了强烈的冲击。

在广告公司的协助下，“白加黑”确定了干脆简练的广告口号：“治疗感冒，黑白分明”，所有的广告都在传播这样的一条核心信息：“白天服白片，不瞌睡；晚上服黑片，睡得香。”

这则广告选在了电视的黄金时间插播，收到了良好的效果。通过反反复复的宣传，不管是大人，还是孩子，都知道了“白加黑”，而且还知道了这种药是一种感冒药！

经过反反复复的广告宣传，“白加黑”的广告深入人心，就这样，销售额实现了上亿元的突破……

“白加黑”是个了不起的创意。表面上看起来，它很简单，只是把感冒药分成白片和黑片。实则不然，它不仅在品牌的外观上与竞争品牌形成很大的差别。更重要的是，它与消费者的生活形态相符合，达到了引发联想的强烈传播效果。

广告理论家赫伯特·克罗格曼认为，一个人只要接触某一广告三次，就能确保广告会对他起作用。“白加黑”靠着独特的广告模式，将简练的广告词深深地印在了消费者的头脑中。大量的广告信息告诉我们：信息重复是成功说服的根本所在！

据心理学家测验，人们接受外来信息的途径，按比例分为：视觉占83%，听觉占11%，嗅觉占3.5%，触觉占1.5%，味觉占1%。因而，要想说服一个人，首先要注意说服的直观性。要用具体的描述来增强人的感知，引起对方的注意，勾起别人的回忆。如何通过反复强调，加深说服对方的印象，增强他的感知，这就要涉及说服的技巧问题了。

凡是做说服工作的人，都应该注意重视关于信息重复的这些研究结果。这是经验之谈：不要期望你的信息第一次发出就被对方接受，你的信息起码得发三次，而且只要有可能，就应该将其充分展现。

有时候，我们会怀着一片热心找对方帮忙，对方本来是可以办到的，但是他却找出很多理由来拒绝你，让你无能为力、无可奈何。碰到这种情况，有些人往往会打退堂鼓，撤回去了事。但是，也有一些人，抱着不达目的誓不罢休的姿态，反复强调自己的观点或看法，直到对方被他说服。

妻子想说服丈夫购买一台液晶电视机，换掉那台旧的。可是，和丈夫说了几遍，丈夫都没有答应。

这一天，妻子不耐烦了，她向丈夫说道："我说买一台就买一台，下午我就去买。"

丈夫生气了："不换！有钱烧的！"

"跟你说了这么多次了，怎么总是这样？"

第二天，妻子下班回来，说："明天是星期天，明天早上我们就去。"

丈夫没有办法，只好答应了。经过妻子的反复强调、再三坚持，丈夫最终同意了购买一台液晶电视机。

妻子之所以能得偿所愿，就是在于她坚持自己的想法，反复强调自己要买的产品，让本来毫无兴趣的丈夫记住了这件事，并且最终说服了他。

说服别人的时候，要有耐心，绝对不能因为一次的失败就放弃。很多时候，说服本来是可以取得更好的效果的。如果说服者表现出过早的失望，只能使本来很可能更有利的局势毁于一旦。如果反复多强调几遍，很可能会出现"柳暗花明又一村"的结果。

很多时候，我们都有说服别人的需要，面对一个个较难说服的对象，可以多提供一些事实。在事实面前，人们一般都会相信的！同样的办法，也被"建筑师"希尔用过：

开始的时候，希尔只是一个小的建筑承包商。希尔为自己争取着一次又一次的机会，实现着建筑业的奇迹，可是，由于管理不善，终究还是破产了。

希尔听说圣保罗城至太平洋沿岸要进行铁路建设，他知道，这次机会对自己来说非常重要，如果将这次机会逮住，自己就会借此翻身。通过自己的不懈努力，希尔终于争取到了这个项目。可是，这时候他已经破产了。为了给自己寻得足够的资金，他想到了大银行家斯蒂芬。

希尔带着资料，敲响了斯蒂芬办公室的门。当他将自己的想法告诉斯蒂芬的时候，没想到却得到了斯蒂芬这样的回答："这条铁路将延伸到偏僻的草原上，在这样荒凉的地方，根本就没有办法运营铁路，我毫无兴趣！"

希尔费尽了口舌，可是，斯蒂芬始终都没有答应向希尔提供贷款。为了说服斯蒂芬，希尔决定用事实说话。

一天，希尔将斯蒂芬拉上了一辆通往西部的火车。到达终点站之后，斯蒂芬发现：四周聚集了很多人，由于火车行到这里就结束了，各种运输车辆把小路挤得满满的。

看到这么多的人，斯蒂芬兴奋起来，在他的脑海中甚至还出现了一幅到这里大移民的情景。这时候，他改变了自己的想法，友好地和希尔握握手，主动提出要与希尔合作。

为了说服斯蒂芬给自己提供贷款，希尔将他拉到了现场。面对现场拥挤的人群，斯蒂芬看到了机会，也看到了利益，终于答应了希尔的要求。

这个案例再一次证实了，用事实说话的好处。

很多时候，当一种观念在一个人的心里停留很长时间的时候，外人是很难用话语将它改变的。这时候，要想改变一个人对一件事的看法，就要找到与他观念相悖的事实，自然而然地引入这个事实，并在时机成熟时阐释它、发挥它，使之真正成为你的有力证据。事实胜于雄辩！事情的真实情况比强有力的辩论更有说服力。

一家集团公司从人才市场上招聘来一名刚从国外回国的女MBA，担任公司的技术总监。入职一个星期之后，集团总裁李先生约见了这名新技术总监。

“已经有一个星期了，集团的基本情况你应该有了一定的了解，还有什么问题吗？”李先生开门见山。

看到总裁如此的直爽，方女士也直言不讳：“我刚从国外回来，自己又没有什么背景，而且还是一名年轻女性，就怕其他人不服气……”

总裁想了想，觉得方女士的顾虑是可以理解的。为了打消方女士的顾虑，李先生给秘书台打了电话。五分钟之后，三位女职员来到了总裁的办公室。

李先生给她一一介绍：“张小姐是人事部的经理，庄女士是宣传部职员，另一位是我太太的侄女儿。她们几个都是从国外留学回来的，入职时间都不到两年。在我们集团的规章制度里，有这样一条：男女员工地位平等。你大可放心，没有人会歧视你的。”

方女士信服了。如果没有三位女士在场，以事实作证，方女士未必会相信李先生的话，也就更不会去除偏见，打消顾虑，积极主动地投入到工作中去了。总裁想到了这一点，他没有高谈阔论，而是以事实为据，为方女士解除了疑虑。

这位总裁是明智的！

要想赢得他人的注意，成功说服别人，最简单的方法就是把实物摆在他人面前。对于普通人来说，事实最能让人信服的。在说服的过程中，要想说服一个人，就要尽量为对方提供一些实物，让实物为自己说话。聪明人常用这种方法！

第4章 切中要害，话不在多攻心就行

话不在多，“攻心”最重要！攻心说服术是一种洞察对方心理、赢得对方信任的技巧，通过说话及心理沟通打开对方的心扉，从而让对方在不知不觉中信任你，接受你的建议并采取行动。

说对方喜欢听的话

其实所有的推销员都有良好的口才，能打动客户的好推销员并不很多。原因就是所有的推销员都说同样的话，所以，要想获得成功就必须与众不同，有更出色的口才。

高尔基的名著《在人间》里有一个两家店铺推销圣像的情节：一家店铺的小学徒没有什么经验，只是向人们说："……各种都有，请随便看看。圣像价钱贵贱都有，货色地道，颜色多样，要定做也可以，各种圣人圣母都可以画……"尽管这个小学徒喊得声嘶力竭，可仍很少有人问津。

另一家店铺的广告则不同："我们的买卖不比卖羊皮靴子，我们是替上帝当差，这比金银还宝贵，当然是没有任何价钱的……"结果，许多人都情不自禁地被吸引了过来。

同是推销圣像，为什么效果不同呢？原因就在于前者用语冗长，平淡刻板，而后者则针对基督徒的心理，将自己说成是"为上帝当差"的，用心独到，言简意赅。

口才出色的推销员还善于安排讲解的顺序。科学合理，起伏有致的讲解不但表明你言语的逻辑，而且还反映出你头脑的清晰。蹩脚的讲解让人不得要领，产生凌乱无绪的印象。

比如，一个优秀的推销员会这样对他的顾客讲解自己要推销的酱油瓶：

“我们打开它的盖子，有个舌状的倒出口，出口上刻有7厘米的槽沟，可以防止瓶内液体外漏；而注入口可倒入多种液体：油、酱油、醋等。”

“这个瓶有着光洁的圆锥形外表、圆顶状的盖子，摸起来舒服，看起来别致。”

“它的最大优点是，倒完瓶内酱油后，瓶口不会有残余液体，非常卫生。本厂曾选择100个用户进行实验，经过1年的试用，反应甚佳。”

“据我们所知，目前在市场上尚未有同类产品。相信我们的前景相当可观，定能给您带来很大效益。”

这样安排讲解的顺序，层次分明，条理清楚，有理有据，逻辑性强，足见推销员的口才功力。

推销员要想在面谈中诱发顾客的购买欲望，也要发挥口才的作用。

一位电子产品推销员在推销产品时，与顾客进行了这样一番对话：

推销员：“您孩子快上中学了吧？”

顾客愣了一下：“对呀。”

推销员：“中学是最需要开启智力的时候，我这儿有一些游戏软盘，对您孩子的智力提高一定有益。”

顾客：“我们不需要什么游戏软盘，都快上中学了，谁还让他玩这些破玩意儿。”

推销员：“我的这个游戏卡是专门为中学生设计的，它是数学、英语结合在一块儿的智力游戏，绝不是一般的游戏卡。”

顾客开始犹豫。

推销员接着说：“现在是一个知识爆炸的时代，不再像我们以前那样一味从书本上学知识了，现代的知识是要通过现代的方式学的。您不要以为游戏卡是害孩子的，游戏卡现在已经成了孩子的重要学习工具了。”

接着，推销员从包里取出一张磁卡递给顾客，说：“这就是新式的游戏卡。来，咱们试着操作一下。”

果然，顾客被吸引住了。

推销员趁热打铁：“现在的孩子真幸福，一生下来就处在一个良好的环境中，家长们为了孩子的全面发展，往往在所不惜。我去过的好几家都买了这种游戏卡，家长们都很高兴能有这样有助于孩子的产品，还希望以后有更多的系列产品呢！”

顾客已明显地动了购买心。

推销员：“这种游戏卡是给孩子的最佳礼物！孩子一定会高兴的！”

结果，顾客心甘情愿地购买了几张游戏软盘。

在这里，推销员巧妙地运用了口才艺术，一步一步，循循善诱，激发了顾客的购买欲望，使其产生了拥有这种商品的感情冲动，促使并引导顾客采取了购买行动。

的确，妙语一句可以引得财源滚滚，也可以解陷身之困。对于推销员来说，良好的口才是说服顾客的利器，是赚钱的根本，是把握主动权的保证。

销售成功之路铺满荆棘，每一个环节，每一个细微之处都要考虑周到，既要善于思维，更须长于说辩。作为君王，可以“一言兴邦”或者“一言丧国”；而作为推销员，在推销洽谈中也可以“一言而胜”或者“一言而败”。所谓一言而胜，就是说这一言，说到了对方的心上，打动了对方，实现了自己的目的。所谓一言而败，就是说你的话没有说到人家的心上，人家不爱听，你就算白说了。

会不会说话，关键就是看你说出来的话，是不是对方喜欢听的话，需要听的话。而要做到这一点就需要你掌握一定的心理学知识，加上细致的观察和不断的体会，才能说出人喜欢听的话。

用诱导攻心法来说服别人

有人以为，领导是权威的代表，在与下属谈话时只要大量使用肯定或提高声调的语气就行了。其实一味地强调并不一定有良好的效果，而问话特别是巧妙的问话往往可以使人记得更牢，效果更好。

我们知道，谈话的目的在于让对方接受，而接受的关键在于攻心。攻心有正攻有反攻，所谓正攻者，即正面说服的意思，循循善诱是其特征，特别是当被说服的对象处于一种对道理不了解的状况时，正面诱导就能起到画龙点睛的作用。从下面的事例中我们可以学到如何运用诱导攻心法来说服别人听从你的劝告。

1. 启发式问法

俄国十月革命刚刚胜利的时候，许多农民怀着对沙皇的刻骨仇恨，坚决要求烧掉沙皇住过的宫殿。别人做了多少次工作，农民们都置之不理，非烧不可。最后，只好由列宁亲自出面做说服工作。

列宁对农民们说："烧房子可以，在烧房子之前，让我讲几句话，可以吗？"

农民们说："可以。"

列宁问道："沙皇住的房子是谁造的？"

农民们说："是我们造的。"

列宁又问："我们自己造的房子，不让沙皇住，让我们自己的代表住好不好？"

农民们齐声回答："好！"

列宁再问："那么这房子还要不要烧呢？"

农民们觉得列宁讲得好，同意不烧房子了。

列宁采用的这种"启发式问话"方式，使农民们从对沙皇的仇恨中解脱了出来，同时也放弃了原来的想法。

2. 顺势问法

宋神宗时，孙觉出任福州知州，有一些穷人因拖欠官府的钱而被送进监狱。孙觉非常同情他们，当时正好有一些富人想出大钱来整修佛殿，富人们向孙觉请示。孙觉想了想说："你们施舍钱财，为的什么？"回答曰："愿意得福。”孙觉说：“佛殿没怎么坏，菩萨像也好好的。假若用这些钱为关在监狱里的人偿还他们所欠的官钱，使之脱离枷锁之苦，那样所得的福岂不更多吗？”富人们不得已只好答应了。就这样，孙觉从施舍钱财这一角度出发，将捐钱的目的顺势引到了救人积福方面，使富商们无话可说，解救了不少人的危难。

3．逼迫问法

秦宣太后在宫中守寡，与大臣魏丑夫暗中勾搭，情投意合。后来太后病重不起，临死前感到离不开魏丑夫，就命令魏丑夫陪葬。

魏丑夫听说此事吓得面无人色，到处找人说情。大臣康芮自告奋勇找太后，一见面就说，“死人还有知觉吗？”

太后支支吾吾地回答：“没有知觉。”

康芮说：“既然没有知觉，为什么还要把生前所爱的人活活弄到坟墓里同死人埋葬在一起呢？再说，如果死人有知觉，那么在阴间的先王积怨也应该很久了。太后到了阴间连请罪还来不及，哪有什么空去与魏丑夫相好呢？”太后沉吟了半晌，咬咬牙说：“罢了。”康芮以“死人是否有知觉”为前提，一开始就将太后逼到了没有退路的地步，然后采用顺势问话迫使太后放弃了拉人陪葬的主意，这种说理方式显然是值得学习的。

在以上的例子中，政治家们都巧妙地使用了问话的方式，而且问得巧妙，问完之后还要针对对方所回答的答案进一步说明，这样对方就不知不觉地进入了谈话的圈套中，谈话的主动权就掌握在你手里，结果当然可想而知。

善意地给对方绝望感

在说服过程中，善意地给对方绝望感，即指出按原来的想法行动会产生的恶劣后果，从而使其放弃或改变原来所持的观点。这种方法称为“绝望进攻术”。

姓李的青年很想开旧书店，而他的好友很难说服他，于是搬来了他的师傅。

这位老师傅先向小李自称，自己已到过一家最大的旧书店做过调查，书店老板作为内行人谈了许多经营之难：

“外行人要搞这种生意非常之难，至少要有30年的经验。因为外行人多半把自己感兴趣的书籍上架，失去了一大批顾客。此外，如买进难得的书，由于新手不懂得定价，一些卖旧书的同行就会来全数购去。当你认为畅销而暗自欣喜时，书架渐渐空了，而同行则在转手中卖出高价。特别是全集书，至少要有10年，才能用适当价钱购进。如二次世界大战以前的书籍，没有了定价。而今如何分辨这些定价呢？什么书是现在所需要的，什么书现已重版，这些行情，也要具备。还有一点就是丢书，特别是辞典一类的工具书，一被偷就是一笔钱……这些不过是打听回来的。当然你不一定会遇到，你也不必担忧。但你既然要做这行生意，不妨考虑一下。”

小李听了老师的一番话，脸色变青了，闭着眼睛，感到了绝望，终于放弃了自己的想法。

说服中的绝望进攻术可采取“虚”和“实”两种形式。所谓“虚”的，指长远才产生的恶劣情况。所谓“实”的指眼前就可能产生的恶劣情况。对一些还不善理性思考的人来说，用“实”的形式比较有效。

爸爸：“你妈妈说今天不回来，要我们自己做饭。我看，干脆晚饭不吃了吧，煮饭麻烦，法律也没有规定一天吃三顿呀！”

孩子：“爸爸，这可不能开玩笑，我肚子饿得不成了呀！”

爸爸：“要吃也可以，不过菜橱里只剩下些咸萝卜，将就点，就吃咸萝卜吧。”

孩子：“啊呀，妈妈不在，你至少也给补点营养呀！”

爸爸：“你想吃什么？”

孩子：“吃肉，我最喜欢吃红烧肉。”

爸爸：“真讨厌！那你买去吧！”

孩子：“拿钱来。”

爸爸给孩子以“绝望感”，解决了谁去买肉的问题，避免了无休止的扯皮、纠缠。

说服中使用绝望进攻术，要注意对问题做具体分析，不能一开始就笼统地、概括地作出结论。

汽车推销员如果在推销节油汽车时，一见顾客就开门见山地说明这种汽车可为顾客省很多汽油等等，往往会吃闭门羹。

聪明的推销员却可以这样开头：“先生，请教一个你所熟悉的问题，也就是增加贵店利润的三大原则是什么？”

老板对这种话题肯定十分乐意回答。他会说：“第一，降低进价；第二，提高售价；第三，减少开销。”

销售员立即抓住第三条接下去说：“你说的句句真言。特别是开销，那是无形中的损失。比如汽油费，一天节约20元，你想过多大吗？如果贵店有3辆车，一天节省60元，一个月就有1800元。发展下去，10年可省21万元。如果能够节约而不节约，岂不像把百元钞票一张张撕掉，一共撕掉2100张。换句话说，这么大的开支无形中从你的金库中被提出来，更何况这21万元不是从营业额，而是从盈余额中开支。如放在银行，以5分利计算，那等于240万元本金存一年的利息，不知老板高见如何，有没有节油的必要呢？你可以精细地计算一下，怎么样？”

这样，对方就会自觉地想到不能维持现状，而要设法用节油车以解除这种恶劣情况。这时，推销员就可乘机推销自己的节油汽车。这种绝望进攻术常令对方感到情况严重，产生绝望感，而乐于接受辩者的观点，有很好的说服作用。

绝望进攻术是一种破釜沉舟、班师在后的技巧，具有较好的说服和论辩效果。

让对方心悦诚服地接受

单凭干巴巴的语言和临场的随机应变不能打造一场成功的谈判。创造说服的条件，让对方心悦诚服地接受最为重要。

谈判中能否说服对方接受自己的观点，是谈判能否成功的一个关键。谈判中的说服，就是综合运用听、问、叙等各种技巧，改变对方的起初想法而接受己方的意见。说服是谈判过程中最艰巨、最复杂，同时也是最富有技巧性的工作。

1. 创造说服对方的条件

（1）要说服对方改变初衷，应当首先改善与对方的人际关系。当一个人考虑是否接受说服之前，他会先衡量说服者与他熟悉的程度，实际就是对你的信任度。对方在情绪上与你是对立的，则不可能接受你的劝说。

（2）在进行说服时，还要注意向对方讲你之所以选择他为说服对象的理由，使对方重视与你交谈的机会。

（3）把握说服的时机。在对方情绪激动或不稳定时，在对方喜欢或敬重的人在场时，在对方的思维方式极端定势时，暂时不要说服，这时你首先应当设法稳定对方的情绪，避免让对方失面子，然后才可以进行说服。

2. 说服的一般技巧

（1）努力寻求双方的共同点。谈判者要说服对方，应力寻求并强调与对方立场一致的地方，这样可以赢得对方的信任，消除对方的对抗情绪，用双方立场的一致性为跳板，因势利导地解开对方思想的扭结，说服才能奏效。

（2）强调彼此利益的一致性。说服工作要立足于强调双方利益的一致性，淡化相互间的矛盾性，这样对方就较容易接受你的观点。

（3）要诚挚地向对方说明，如果接受了你的意见将会有什么利弊得失。既要讲明接受你的意见后对方将会得到什么样的益处，己方将会得到什么样的益处，也要讲明接受你的意见，对方的损失是什么，己方的损失有哪些。这样做的好处是：一方面使人感到你的客观、符合情理；另一方面当对方接受你的意见后，如果出现了恶劣的情况，你也可以进行适当的解释。

（4）说服要耐心。说服必须耐心细致，不厌其烦地动之以情，晓之以理，把接受你的意见的好处和不接受你的意见的害处讲深、讲透。不怕挫折，一直坚持到对方能够听取你的意见为止。在谈判实践中，常遇到对方的工作已经做通，但对方基于面子或其他原因，一时又下不了台。这时谈判者不能心急，要给对方一定的时间，直到瓜熟蒂落。

（5）说服要由浅入深，从易到难。谈判中的说服，是一种思想工作，因此也应遵照循序渐进的方针。开始时，要避开重要的问题，先进行那些容易说服的问题，打开缺口，逐步扩展。一时难以解决的问题可以暂时抛开，等待时机再行说用。

（6）不可用胁迫或欺诈的方法说服。说服不是压服，也不是骗服，成功的说服必须要体现双方的真实意见。采用胁迫或欺诈的方法使对方接受意见，会给谈判埋下危机。

必要时进行适当插话

谈判无非就是“说”与“听”，光“说”不“听”，或光“听”不“说”都是不恰当的谈判方式，倘若对方说个不停，你就有必要让他知道你也有说话的权利。

谈判中尽量不要打断对方的话，这是对对方的一种礼貌和尊重。

但是，谈判中不要打断对方的话，并不意味着始终保持沉默。倾听中适当地插话也是必要的。

因为不时的语言反馈，能够表明你一直在积极地听。同时对方也可以在你的语言反馈中得到肯定、否定或引导，这对于谈判顺利进行是有利的。

适当地在谈判中插话，关键在于适当。一般来说，有这样几种情况是插话的契机：

1．当对方说话稍有停顿时，你可以插话要求补充说明

如：

“请再说下去。”

“还有其他情况吗？”

“后来怎么样了？”

像这类语言，可以使对方谈兴更浓，把更多的想法和情况告诉你。

2．当对方说话间借喝茶、点烟思考问题或整理思路时，你

可以插话提示对方

如：

“这是第二点意见，那么第三点呢？”

“上述问题我明白了，请谈下一个吧！”

这类插话，承上启下，给对方以启示和引导。

3．在对方谈话间歇的瞬间，给予简单的肯定的回答

如：

“是的。”

“我理解。”

“很对。”

“我明白。”

这种插话，可以表示对对方谈话赞成、认同、理解，使谈判气氛更加融洽和活跃。

谈判中的插话，还可以使用“重复”和“概述”两种方法。

“重复”具有促使对方讲下去，明确含义，强调话题的作用。

比如，当谈判对手谈及一个新的问题时，为了明确含义或者为了突出其重要性，我们可以这样来重复：

“您的意思是不是……”

“我想您大概想讲……”

“您认为这很重要吗？”

“重复”使用得及时和恰当，往往能使谈判避免停顿和中断，可以收到很好的效果。

在与条理性不清和组织句子能力较差的人谈判时，应该抓住机会对他的言语进行一定的整理，以防其杂乱无章地“开无轨电车”。这里，比较有效的整理方法就是概述。

概述应紧扣主题，突出几点，理出头绪，去掉与主题无关的废话，保证谈判的顺利进行。

比如，我们可以这样说："听您所说，大致有这样几个问题……"然后罗列几个要点，使问题显得清晰。

表示概述的语言很多：

"您刚才说……"

"用您的话讲，这就是……"

"总而言之，您认为不外乎……"

这样的概念还给人以礼貌的感觉。谈判者往往喜欢别人理解自己的意思，如果你表达出他想说而没能说清楚的话，就很容易赢得他的好感，而这对谈判是有好处的。

但是，谈判中要注意，插话关键是"插"得适时。如果无休止地打断对方讲话，同时频频改变话题，那么，会使对方感到谈判无法进行下去。

例如下面的谈判：

"请看，我厂最近生产的连衣裙款式新颖，花色美观大方……"

"说到美观大方，我立即想起我们公司服装厂生产的百褶裙，那真是……"

"这种连衣裙在国内是首创，一上市马上被抢购一空！真是难得的畅销货……"

"要说畅销货，在我市百褶裙真是想象不到的畅销，年轻姑娘，中年妇女，甚至老年妇女也都喜欢穿，真是……"

如此打断对方的讲话，会造成谈判中断停止。

为了使谈判顺利进行，一定要及时回答对方的问话，同时不失时机地同对方展开讨论等。但是说话必须掌握分寸，适可而止。如果你口若悬河，滔滔不绝，唠叨个没完，丝毫不给对方插话的机会，有可能会把自己不应被对方知道的意图暴露出来。同时，对方也会对你产生厌倦情绪。

抓住对方的心理进行引导

每个人所做的每一件事，都是受一定的心理驱使的。因此，当我们试图说服别人时，一定要学会抓住对方的这种心理，并利用这种心理引导对方，让对方一步一步地走向我们的目的。看准对方心理甚至可以用语言说服来操纵对方的行为。

晚清时期，湖南有个道台叫单舟泉。这人善于观察，办起事来面面俱到，因此，大小官员都很佩服他，朝廷也非常器重他。

有一年，一个在中国旅游的外国人上街买东西，有些小孩子因未见过洋人，便追随着他。洋人很恼火，手拿棍子打那些孩子。有一个孩子躲闪不及，被打中太阳穴，没多久就死了。

小孩儿的父母当然不肯罢休，就和邻居们一齐上来，要把那个外国人扭送到官府。外国人则举起棍子乱打，连旁边围观的人都被打伤几个。这样，激起了公愤，大家一齐上前，捉住那外国人，用绳子将他捆了起来，送到衙门。

一边是人命关天的大事，一边又是不敢得罪的外国人，因此，衙门中的人都感到棘手，不知道该怎么处理这个案子。

此事确实难办，大家冥思苦想了好长时间，也没有找到合适的解决方法，最后，不得不请单道台亲自出面。单道台有着丰富的办案经验，他一出手，就把这件事给办得利利落落。

一方面，他认为湖南阔人很多，而且民风开放，如果办得不好，他们会起来说话，或者聚众为难外国人，到那时，想处治外国人做不到，而不处治也办不到。因此，不如先把官场上为难的情形告诉他们，请他们出来帮忙解决难题。只要绅士、百姓共同出动，出面同外国领事硬争，形成僵持局面，外国领事看见老百姓行动起来，就会害怕，因为洋人怕百姓。到这时，再由官府出面，去劝服百姓，叫百姓不要闹。因为百姓怕官，所以他们也会听话。而外国领事见他劝服了老百姓，也会感谢官府。

打好主意后，他马上去拜会几个有权势的乡绅，要他们齐心合力与领事争辩。倘若争赢了，不但能为百姓申冤，而且为国家争了面子。

此话传出去，大家都说单道台是一个好官，能维护百姓利益。他又来到领事处，告诉领事，如果案子判轻了，恐怕百姓不服。外国领事听他这么说，又看着外面聚集的人群，果真感到害怕。

此时，单道台又安慰领事说："其实领事也不必太害怕，只要判决适当，我尽力去做百姓的工作，不会让他们胡闹。"

案子判了下来，虽然也是虎头蛇尾，但单道台却三面得到好处：抚台夸他处理得好，会办事；领事心里感激他劝退百姓，没有闹出事来，于是替他讲好话；而百姓们，也一致觉得他是维护大家的，认为他是个好官、清官。

在这个例子中，单道台之所以能够取得成功，就在于他能够很好地抓住人们的心理，并且善于操纵这些心理。他看准乡绅、领事、百姓心里的想法，知道怎样处理可以使各方都受益。这样，单道台不仅解决了这个棘手的案子，而且使各方都心甘情愿地接受了自己的建议。

在说服他人时，有时直接提出自己的要求很难达到目的。因为有些人，你越是求他，他越是架子大，到头来反而会使事情特别麻烦、特别难办。这时，就需要小小地运用一下策略，抓住对方的弱点，把你的难题转移到他的身上去，让他反过来求你办事，当然，最终受益的还是你。

战国时期著名的纵横家张仪，早年在楚国游说时非常清苦。有些与他一样的谋士，因忍受不了这种待遇，纷纷决定离开楚国，到其他的国家去谋生。

张仪见状劝阻道：“大家先不要急，等我先去见见楚怀王，再做定论。”

楚怀王在逼死屈原之后，更加昏庸了，整天迷恋酒色，对身边的两位大美人南后、郑袖更是宠爱有加。

张仪见到楚怀王后，开门见山地说：“我在楚国一点作为都没有，因此想到晋国去看看，不知大王可否同意？”

楚怀王连想都没想，直接说：“那你就走吧！”

张仪又问：“不知大王想得到晋国的什么东西？做臣子

的愿为大王要回。”

楚怀王不屑地说：“楚国什么都有，不需要别国的东西。”

“那美女呢？”张仪走近一步，轻声说。

楚怀王愣住了，张仪见其已经动心，赶忙说：“大王知道，郑、周两地多有美女，并且像仙女下凡一般，一个比一个漂亮。”

楚怀王本是个好色之徒，这下被击中了要害，立刻精神焕发，忙说：“楚国是个偏僻小国，美女自然无法跟中原相比，你如果能带回美女，我自然喜欢。”

于是，楚怀王给了张仪很多金银珠宝作为路费，而张仪将这些财产全部分发给那些想离开楚国的谋士们。

张仪要从中原带回美女的消息不胫而走，不久就传进了南后和郑柚的耳朵里。

几天后，南后派人带着重礼到张仪的府上拜访，侍者说道：“南后听说先生要去晋国，特命小人送来黄金一千两，请先生一定收下，权且作为路上的盘缠。”南后的侍者刚走，郑袖也派使者来访，并送来了黄金五千两。

张仪心里自然明白，南后、郑袖之所以给自己送如此厚重的大礼，无非是希望他不要从晋国带回来美女。

在这个例子中，张仪见楚怀王的真正目的，是要“工资”的。如果直接说，楚怀王可能不会这么痛快更不会这么大方，并且，即使给了，张仪的面子上也无光。而聪明的张仪抓住楚怀王迷恋女色的弱点，绕了个圈，不要钱而献美女，这就是偏往痛处捅，不怕不上钩。楚怀王一下就动心了，马上给了他大量的金银珠宝。

而南后和郑袖一听张仪要从晋国带回美女，害怕自己失宠，自然着急，于是也赶快派人向张仪行贿。由此，张仪做到了一箭双雕，成功地击中了对方的弱点，达到了自己的目的。

正话反说攻人心

人们常说，真理向前一步就可能变成谬误。同理，反面的话稍加引申就可能成为反面的反面——正面。

在人际交往中，我们常常需要通过讲道理来说服别人。学会适当的时候说适当的话，就是要学会察言观色、把握时机，根据不同的对象、不同的场合，说恰如其分的话。有些话直接说可能会使对方不能接受，为了避免尴尬，不妨正话反说。

汉武帝刘彻有位乳母，在宫外犯了罪，被官府抓了，并禀告汉武帝。汉武帝心中十分为难，毕竟是自己的乳母，滴水之恩当涌泉相报，何况自己是她用乳汁养大的。但是，天子犯法与庶民同罪，如果不处置她，有失自己天子的尊严，以后何以君临天下。思来想去，汉武帝决定以大局为重，依法处置自己的乳母。

乳母深知汉武帝的为人，知道自己凶多吉少，便想起了能言善辩的东方朔，请求东方朔帮自己一把。

东方朔也颇感为难，他想了想说：“办法也有，但必须靠你自己。”

乳母急切地问：“什么办法？”

东方朔说：“你只要在被抓走的时候，不断地回头注视皇帝，但千万不要说话，也许还有一线希望。”

乳母虽不解其中玄机，但还是点了点头。

当传讯这位乳母时，她有意走到汉武帝面前向他辞行，用哀怨的眼神注视着武帝，几次欲言又止。汉武帝看着她，心里很不是滋味，有心想赦免她，又苦于君无戏言，无法反悔。东方朔将这一切看在眼中，知道时机成熟了，便走过去，对那位乳母说：

“你也太痴心了，如今皇上早已长大成人，哪里还会再靠你的乳汁活命呢？你不要再看了，赶紧走吧！”

汉武帝听出了东方朔的话外之音，又想起了小时候乳母对自己的百般疼爱，终于不忍心看乳母被处以刑罚，所以法外开恩，将她赦免了。

东方朔的正话反说终于救了乳母。

当我们遇到一些不愉快的事情时，用正话反说的方法可能会收到更好的效果。

对那些从事特殊工作的人们，在说话时更要看清对象，学会正话反说。反之，会给人带来不幸。

某护士刚从医学院毕业，怀着满腔热情到市里的一家医院实习。实习的第一天，带她的医生让他到6床通知病人，把病情好好跟病人说一下，告诉他只剩下6个月的时间了。

护士听完医生的话，就拿着6床的病历到了病房。一进病房她就大声喊道：“6床的病人做好心理准备啊，你只剩下6个月的时间了。”病人听完后一下子承受不住，当场就昏了过去。主治医生知道后狠狠地教训了她：“病人因为身体的疾病已经很痛苦了，你怎么可以这样直接就告诉他呢？万一出现什么后果，你负得起责任吗？”

我们不能评价这个护士没有能力，但是她的语言表达方式实在令人不敢恭维。

在客客气气的社交谈话中，有时实话实说是致命伤。别误解，这不是在鼓励说谎。这里讲的是一种高深艺术。

我们必须牢记“说话莫忘看场合”，该反说时就反说。因为，心理学告诉我们，在不同的场合中，人们对他人的话语有不同的感受、理解，并表现出不同的心理承受能力，正因为受特定场合心理的制约，有些话在某些特定环境中说比较好，但在另外的场合中说未必佳；同样的一句话，在这里说和在那里说效果就不一样，说什么，怎么说，一定要顾及说话环境，才能取得良好的说话效果。总之，唯有巧妙地利用语境，做到情境相宜，才能攻破人们的心理防线。

第 5 章
讲求策略，怎样说服比说什么重要

说服也是一种战争，不是胜利就是失败，要想取得这场战争的胜利，我们就必须要讲求策略。一个说服力强的人，总是能把深刻的道理讲得很清楚，把复杂的道理说得很简单，从而增强自己的影响力。

劝架是需要一定技巧的

劝架是要大事化小，小事化了，不讲究劝架的技巧会产生火上浇油的效果。

人们在生活、工作中难免会发生这样那样的矛盾。夫妻子女、亲朋好友、左邻右舍……都会有些矛盾，有时还因矛盾激化而吵架，这时就很需要旁人及时劝架。面对那些愤激一时的吵架者，劝架是要讲究点口才艺术的。

一般说来，劝架的口才技巧有五个要点：

1. 要了解情况

盲目劝架，讲不到点子上，非但无效，有时还会引起当事人的反感："不了解情况，瞎说什么？"而弄清情况再讲话，效果就较好。假如对邻居、同事中原因复杂的争吵，更要从正面、侧面尽可能详尽地把情况摸清，力求把话讲到当事人的心坎上。解绳结就要看清绳结的形状，解除心上的疙瘩，更要把疙瘩看透。

2. 要分清主次

矛盾有主次方面，吵架的双方有主次之分。劝架不能平均使用力量，对措词激烈、吵得过分的一方重点做工作，就比较容易平息纠纷。如果不分主次，平均使用力量，效果肯定不佳。

3. 要客观公正

劝架要分清是非，十分公正，做到分析中肯，批评合理，劝说适当。不能无原则地"和稀泥"，不分是非各打五十大板。应该实事求是，恰如其分，既要弄清是非，又要团结同志。

4. 批评要婉转

人在吵架时心中有火气，嘴上没好话，耳中听不进劝告。因此，劝架时不要纠缠于吵架人的某些过激言词，要多用委婉语，注意不要触及当事人的忌讳。一般情况下，尽量不用激烈尖锐的语句，力避火上添油，而要用好言好语“降温”。当然，在某些特殊情况下，如吵架的双方矛盾白炽化，甚至拿刀使棍动起武来时，就要用高声断喝，使当事人清醒，阻止他下手。如大喊：“不准打人！有话好讲！”“不能这样蛮干！把棍子放下！”“谁敢动刀，我就去报告派出所！”

5. 语言要风趣幽默

吵架时，双方脸红脖子粗，气氛紧张。这时，用一两句风趣幽默的话，就像清凉油、润滑剂，可以“降温”“放松”，缓和紧张气氛，吵架人想发火也发不起来了。

一个人发怒时是最缺乏理智也是最需要理解的时候，使用适当而又得体的语言就可以化解他们的怒火。

当一个人无法达到自己目的时，面对他人，他一定会设法表现，他可以大吵大叫、愠怒不语，或者假装受害者，或者用威胁与责备的方式来达到自己的目的。而我们既然已经做了所能做的一切，就自然会采取我们应该采取的办法来回敬他。

一般做法是，我们常回击他们对我们所做的描述。我们说：“我不自私，你才自私。你怎么敢说我自私？我什么都替你做。那一次……”

另一种做法是，当他们痛苦的时候，我们努力弄懂他们的想法。我们说：“请告诉我是怎么回事，我做了什么了？告诉我，我怎么做才能让你感觉好些？”

我们还经常努力争取他们的同意，希望他们不再因为我们而烦恼。我们说：“如果我这么做让你感到这么不安，那么我可以改变计划、少去上一次课、不做那项工作、不去见那位朋友……”

我们也可能会试着解释说明，提出相对立的看法、赔礼道歉，想努力使他们从我们的观点看问题。我们说：“你怎么就不能理智些呢？难道你不明白你犯了多大的错误吗？你所想的是荒谬的、疯狂的、不理智的、侮辱他人的。”

上面的这些情况在于它们是辩护性的反应，事实上不仅不会奏效，而且会加剧情绪紧张的程度。我们保护自己的努力等于火上浇油。

那么，如果对方的责备、威胁或者消极评价的火焰遇到了湿漉漉的地面，又会发生什么情况呢？如果你没有努力去改变对方，而是改变了自己的行动计划，那又怎么样呢？如果你以下面的话来回答他们所施加的压力，结果将会大不一样。

回答方法之一：我很抱歉让你感到不安。

回答方法之二：我能理解你何以如此看待这个问题。

回答方法之三：这很有意思。

回答方法之四：真的吗？

回答方法之五：叫喊、威胁、收回承诺以及哭叫都再也不起作用了，什么问题也解决不了。

回答方法之六：等你冷静一下我们再谈。

回答方法之七：你完全正确（尽管你并不是这个意思）。

这些话语是非辩护性交流的关键部分。记住这些语句，再添加些你自己的话。大声地重复这些话，直到听起来舒服为止。如果可能的话，和一位朋友一起练习。开始时，这些语句会让你感到尴尬。我们没有人能以简短而不动感情的一两句话回答对方的连珠炮般的发问。但这样做，对方的怒火就会息灭很多。

示弱，达到说服的目的

央视名嘴徐俐写过一篇《跟婆婆学示弱》的文章，里面讲到她的婆婆非常能“示弱”，甚至在做饭方面也不放过“示弱”的机会：

> 在柴米油盐酱醋茶的事儿上，婆婆说她总没弄明白，她在厨房的事儿仅限于洗洗切切。一次，我傻乎乎地跟婆婆说做菜其实挺有乐趣，可以教婆婆，婆婆只是笑笑，说她对做饭没有天分，学也学不会。
>
> 有一次，公公出门遛弯儿摔了一跤，住进了医院，整天躺在病床上，胃口很不好。
>
> 一天下午，我看到婆婆在院子里用个小磨在磨水发绿豆。她将汁水放在家里用被子捂了两天，再下锅用小火慢熬，整个院子都是一股怪味儿。
>
> 我问婆婆：“这是在干吗？”
>
> “熬豆汁儿，一会儿给你公公送去，他就爱这口。”说着，她在砧板上麻利地将一个芥菜疙瘩切成细细的丝，淋上辣油一起包好，让我去送饭，叮嘱我：“别说是我做的，就说在隆福寺买的。”怪味儿刚在病房里散开，公公的眼睛就

亮了："好地道的豆汁儿。"就着那碟芥菜丝，公公把一大碗豆汁喝得干干净净，喝完后大发感慨："主味儿酸、回味甜、芥菜咸、红油辣，五味中占了四味，绝配呀！"

我这才发觉婆婆很精明，她连这么高难度的东西都能做好，还分不清油盐酱醋吗？回家后，我傻傻地问婆婆，为什么要装着不会做饭。婆婆笑眯眯地说："你公公最得意的就是他的厨艺，说老实话，他做菜不如我，可如果他连这个优势都没了，心里就可能有想法。所以很多我能做的事情，我都说做不好，让他来做。他嘴里抱怨我老使唤他，但心里是高兴的。做人，尽量别故意显得太能干……"

人心都是肉长的。在求人办事的关键时刻，不失时机可怜兮兮地滴下几滴眼泪，可以迅速调动起对方的同情心，首先使彼此在感情上靠近，产生共鸣，这就为问题的解决打下了基础。在说服对方的时候，扮演弱者也能达到你说服对方的目的。

鲍尔温交通公司总裁福克兰，年轻的时候因巧妙处理了一项公司的业务而青云直上。他当时是一个机车工厂的普通职员，在他的建议下，公司买下了一块地皮，准备建造一座办公大楼。但是这块土地上的100户居民，却必须因此而迁移到别的地方。

居民中有一位爱尔兰老妇人，首先站出来与机车工厂作对。在她的带领下，许多人都拒绝搬走，而且这些人抱成一团，决心与机车工厂一拼到底。

福克兰对工厂领导说："如果我们建议通过法律途径来解决问题，费时费钱。我们更不能采用其他强硬的办法，以硬对硬，驱逐他们，这样我们将会增加更多仇人，即使建成大楼，我们也将不得安宁。这件事还是交给我来处理吧！”

显然，面对如此局势，最好采取“以柔克刚”的策略。聪明的福克兰所选择的也正是此计。

这一天，他来到了老妇人家门前，看见她坐在石阶上，他便故意在这老妇人面前走来走去，心里好像在盘算着什么。福克兰自然引起了她的注意。良久，老妇人开口发问：“年轻人，有什么烦恼吗？不妨说出来，我一定能帮助你。”

福克兰趁机走上前去，他没有直接回答她的问题，却说：“您在这时无事可做，真是天大的浪费呀！我知道您有很强的领导能力，实在是应该抓紧时间干成一番大事业的。听说这里要建造新大楼，您是不是准备发挥您的超人才能，做一件连法官、总统都难以做成的事：劝说您的邻居们，让他们找一个快乐的地方永久居住下去。这样，大家一定会记得您的好处的呀！”

听了这些话后，这个强硬顽固的爱尔兰老妇人在第二天便成了全费城最忙碌的妇人了。她到处寻觅房屋，指挥她的邻人搬走，并把一切办得稳稳妥妥。

办公大楼很快便破土动工了。而工厂在住房搬迁过程中，不仅速度大大加快，且所付的代价竟只有预算的一半。

福克兰能从老妇人率领邻居拒搬的行为中寻思到“以柔克刚”之计并果断地实施，也难怪他会一路升迁直至坐到总裁的宝座上了。

柔弱之水可为滔天巨浪，摧枯拉朽，吞噬一切，可凿岩穿石，水滴洞穿。可见柔并不等于弱，刚也并不一定等于强，关键在于人怎样去利用它，怎样恰到好处地利用它。

1．弱是心态的调整

“知其雄，守其雌，为天下溪”。因为弱，所以知道自己是谁，不张狂，不逞匹夫之勇，不会置自己安危于不顾，逞一时的豪气和痛快。社会中许多人不愿承认自己弱，打肿脸充胖子，结果在扮演扭转乾坤的英雄人物中吃尽苦头。

2．弱是防守的盾牌

人生如战场，要发展就必须懂得保护自己。“木秀于林，风必摧之；堆出于岸，流必湍之；行高于人，众必非之”。如果一个人总是以强者的面目出现，与人争强斗胜，那结局会是怎样的呢？

3．弱是进攻的武器

弱不是软弱，不是懦弱，而是绵里藏针，柔中带刚，不卑不亢，有礼有节。弱表现出来的进攻的姿态是永不停息的进取精神。因为是弱小的，所以没有防守的压力，必须不断前进；因为是弱小的，是不圆满的，所以要不断创造；因为是弱小的，船小更好掉头，所以在战略战术上可以攻其不备，抢占先机。君子厚积薄发，蓄器在身，待机而动。要做人生的强者，必须先做人生的弱者，负负可以为正，公平的天平倾向弱者。

4．弱是沟通的桥梁

弱者能够体会人生的艰辛和困苦，会发自内心地尊重别人，会真诚地换位思考，从而建立起沟通的桥梁，最终赢得朋友。

其实，在这里我们所说的示弱并不是真的在示弱，只不过以弱博得对方的同情，以达到你的说服目的。当然我们在这里所说的示弱并不是非得博得对方的同情，而是以示弱或是各种说话技巧赢得对方的认可。在生活中，我们常常会听老人们这样说："软刀子更扎人！"说的就是示弱的说服技巧吧！

以缓制急，巧妙说服

大家都知道，打电话拨110或119时，可能是发生重大事件，如凶杀案或火灾。那些通话的警员和消防队员通常都镇静得像什么事也没有发生一样，仍然用平常的口吻和打电话的人交谈，这是由于他们受过专业训练，抗压力比普通人强一些。

当我们慌慌张张地拨电话时，多数人会因为紧张或害怕而变得结结巴巴，说话没有什么条理。但是若对方以从容不迫的口气询问时，通报者自然会慢慢平静下来。虽然一些打电话报案或通知火警地点的人，都不太满意对方那种事不关己的口吻，但殊不知这是对方采取的一种语言策略。

因为他们的冷静必定会影响到通报者的情绪，使对方能够顺利表达。如果不这样，又会有什么后果呢？

假设那位消防队员也和你一样急忙喊道："什么！失火了！在哪里？那糟了，还在燃烧吗？好的好的，我马上报告！电话号码！喔！不不，把地点告诉我！"

这样的口气，通报者往往会急得连地点都说不清楚，自然会耽误很多时间，造成更大的损失。

日常生活中，也经常发生这样的事情，若对方激烈地提出抗议时，最要紧的是设法先使对方紧张的情绪缓和下来。由于对方已经丧失理智，即使你所说的道理再正确，对方也听不进去。这时，就要设置一个“瓮”，请对方进去。

你看那些相声演员上台表演时，态度都从容不迫。他们首先慢条斯理地走上台，然后向四周看一看，最后才从容不迫地开口。这段被他们“浪费”的时间相当长，但由于大家迫不及待地想看他们表演，自然就原谅了他们。如此一来，观众对他们所说的每一句话都会专注聆听。

因此，碰上情绪激动的人，先不要反对他的意见，顺势为他们点支香烟，或倒杯茶，做出从容不迫的样子。

这样，即使对方是满怀怒气而来，也会暂时放下心头之火。常言道：“伸手不打笑脸人”，一来你的态度使他不好意思发作；二来你的步调又与他不相配合，使他感到十分泄气。于是他的情绪也就会逐渐冷静下来。这好比有人上门与你打架，如果你立刻跳出来，双方肯定会大打出手。相反，如果你给对方搬张凳子，或递上一支烟，对方也就不再坚持敌对状态。而且你是善尽主人之道，言语上又没有低声求饶，自然不算丢了颜面。无论从哪方面来看，都有必要采取这种技巧。

美国著名幽默作家马克·吐温等一行20来人参加道奇夫人的家宴。不一会儿，就出现了大宴会经常发生的情况：人人都在跟旁边的人谈话，而且同一时间讲话，慢慢地，大家便把嗓音越提越高，拼命想叫对方听见。

马克·吐温觉得有伤大雅，太不文明了。而如果这一时间大叫一声，让人们都安静下来，其结果肯定会惹人生气，甚至闹得不欢而散。怎么办呢？

马克·吐温心生一计。便对领座的一位太太说：“我要把这场骚乱镇下去。我要让这场吵闹静下来，法子只有一个，可是我懂得其中奥妙。您把头歪到我这边来，仿佛对我讲的话非常好奇，我就这样低声说话。这样，旁边的人因为听不到我说的话，就会想听我的话。”

“我只要叽叽咕咕一阵子，你就会看到，谈话会一个个停下来，便会一片寂静，除了我叽叽咕咕的声音外，其他什么声音也没有。”

接着，他就低声讲了起来：“11年前，我到芝加哥去参加欢迎格兰特的庆祝活动时，第一个晚上设了盛大的宴会，到场的退伍军人有600多人。坐在我旁边的是X X先生，他耳朵很不灵便，有了聋人通常有的习惯，不是好好地说话，而是大声地吼叫。他有时候手拿刀叉沉思五六分钟，然后突然一声吼叫，会吓你一跳。”

说到这里，道奇夫人那边桌子上起义般闹哄哄的声音小下来了，然后寂静沿着长桌，一对对一双双蔓延开来，马克·吐温用更轻的声音一本正经地讲下去：

“在××先生不作声时，坐在我对面的一个人对他领座讲的事快讲完了。……说时迟，那时快，他一把揪住她的长头发，她尖声地叫唤，哀求着，他把她的脖子按在他的膝盖上，然后用刺刀可怕的猛然一划……”

到这时候，马克·吐温的叽叽咕咕声已经达到了目的，餐厅里一片寂静。马克·吐温见时机已到，便开口说明为什么他要玩这个游戏，是请他们把应得的教训记在心头上，从此要讲些礼貌，顾念大家，不要一大伙人同声尖叫，让大家一个人好好地讲话，其余的人好生听着。

他们同意了马克·吐温的意见，晚上其余时间里，大家都过得高高兴兴的。

说服人的方法和技巧很多，以下几种是比较实用和简便的：

1. 用高尚的动机激励他

在一般情况下，每个人都崇尚高尚的道德、正派的作风，都有起码的政治觉悟和做人品德。所以，在说服他人转变看法的时候，一个有效的办法就是，用高尚的动机来激励他。比如说这样做将对国家、公司带来什么好处，或将对家庭、对子女带来什么好处，或将对自己的威信有什么影响等。这往往能够很好地启发他，让他做应该做的事。

2. 用热忱的感情感化他

当说服一个人的时候，他最担心的是可能要受到的伤害。因此，在思想上先砌上了一道墙。在这种情况下，不管你怎么讲道理，他都听不进去。解决这种心态的最有效的办法就是，要用诚挚的态度、满腔的热情来对待他，在说服他的时候，要用情不自禁地感情来感化他，使他从内心受到感动，从而改变自己的态度。

3. 通过交换信息促使他改变

实践证明，不同的意见往往是由于掌握了不同的信息所造成的。有些人学习不够，对一些问题不理解；也有些人习惯于老的做法，对新的做法不了解；还有些人听人误传，对某些事情有误解等。在这种情况下，只要能把信息传给他，他就会觉察到自己的行为不是像原来想象的那么美好，进而采纳说服者的新主张。

4. 激发他主动转变

要想让别人心甘情愿地去做任何事，最有效的方法，不是谈你所需要的，而是谈他需要的，教他怎么去得到。所以有人说："撩起对方的急切意愿，能做到这一点的人，世人必与他同在；不能的人，将孤独终生。"

探察别人的观点并且在他心里引起对某项事物迫切需要的愿望，并不是指要操纵他，使他做只对你有利而不利于他的某件事，而是要他做对他自己有利，同时又符合你的想法的事。这里要掌握两个环节：一是说服人要设身处地地谈问题，要把别人的事当作彼此互相有利的事来加以对待；二是在促使他行动的时候，最好让他觉得不是你的主意而是自己的主意。这样他会喜欢，会更加主动和积极。

5. 注意平时的交往

被说服者是否接受意见，往往和他心目中对说服者的"期望"心理有关。如果说服者威望高，一贯言行可靠，或者平时和自己感情好，觉得可以信赖，就比较愿意接受他的意见；反之，就有一种排斥心理。所以作为说服者，平时要注意多与被说服者交往，和他们建立深厚的感情，这样在沟通交流的时候，就能变得主动有力。

先岔开话题再说服

说服他人是一件比发射航天飞机还麻烦的伟大工程。在说服过程中，不但要抓对要点，用对策略，还要小心对方的情绪，毕竟人是情绪的动物。情绪也就代表非理性，面对非理性的回应，你必须懂得用心理学技巧来应对，而不能一直用理性的策略。

如果你发现对方的情绪有点不稳时，或者答非所问或故意鸡同鸭讲，你可以暂时抛开主题，姑且提出另一个不同的话题，先缓和情势，别让对方的情绪野火愈烧愈旺，等火势稍减，再找机会切入正题。这时，在语义学和心理学的理论上，你可以多用一些中性的、比较不刺激的转介词，来降低对方的敌意和情绪化反应，例如“话虽如此”“果真如此”“确实如此”等语词。

在我们的生活中，你也可以采用这样的方式来转移话题，避免引爆对方的情绪炸弹。如果你在询问下属工作上的失误时，你说：“这个案子怎么会变成这样子？里面建档都错得离谱，这到底是怎么回事？”

对方却说：“哎呀！我昨天一整天被主管部的人拼命打电话来问东问西，搞得我头都昏了！业务部的人也说他们的加班时间太长……”

当你遇到这类鸡同鸭讲、答非所问的状况时，最好不要先发脾气，你应该知道对方正陷入情绪化的自责和不安中，这时你再怪他答非所问也是无济于事，不如就改变原本的说话内容，暂时休战不去逼对方，除了让对方喘口气休息，也让自己冷静想想后续的应对策略。

其实，在与人谈话时，由于某些原因，常常会遇到一些不便或不愿意谈论的话题，而对方又谈兴正浓。拒绝了，不礼貌；勉强谈下去，又感到很为难。在这种情况下，最好的方法是在不知不觉中巧妙地把话题岔开，重新开始一个话题。这样既不会伤害到对方，又可以将自己从困窘中解脱出来。

常用的岔题方法有如下几种：

1．一词多义

日常交谈用语中绝大多数的词是多义的，换一种词义避开不快的话题。

2．同音异义

在现代汉语中，同音异义字很多，音同义不同或音相近而义不同，这在书面语言里不易混淆，但由于交谈是以声传义，不见字的形体，这就有了相当的含混性，利用这种含混性，就可以巧妙地把话题岔开。

3．相近概念

日常用语中很多词所表达的概念没有明确的界限，常常带有一定的模糊性。利用这种模糊性，就可以把话题中某些概念转换为与它相近的另一个概念，岔开原来的话题。

4. 眼前景物

交谈是在特定的环境中进行的，凡能进入视觉、听觉范围内的一切，都能吸引谈话者的注意力，随时成为交谈的话题。特别是当这些事物发生急剧变化时，在强烈心理震动下，人们常常会下意识地中断谈话去关注正在发生的激变，这就为改变原来的话题提供了可以利用的机会和可供转换的新话题。

5. 好奇心理

求新好奇是人们普遍的心理要求。交谈中的话题至少有一方是感兴趣的，如果能再提出一个更新更有趣的话题，利用好奇心理，就可以把对方的谈兴吸引过来，自然地抛开原来的话题。一旦对方的注意力被吸引过来了，话题也就如你所愿地改变了。

岔题方式还有很多，无论哪种都是利用注意指向、注意中心的转移。因此，在岔开话题时，应注意下述几点：

1. 隐蔽

交谈中的岔题，有如魔术师的魔术表演，总得借助一点遮掩的东西才好。一词多义、同音异义、相近概念、眼前景物、好奇心理等，都包含着隐蔽的因素，能模糊对方注意指向，分散对方注意力，使其自然而然地、不知不觉地离开原话题，进入新的注意中心。

2. 邻近

岔题以邻近为好，有一定范围限制。在同一时间内，人的注意范围有三个区域：注意中心、注意边缘和注意以外。在这三个区域里，大脑皮层兴奋程度依次减弱，抑制程度依次增强。注意中心与注意边缘是经常变化的，处于注意边缘的事物随时可能成为注意中心，而处于注意中心的事物则随之退到注意边缘。

至于注意以外的事物，没有强烈的刺激作用，要成为新的注意中心是比较困难的。所以在邻近范围内选择新话题，使之成为注意中心的可能性很大，更容易被对方接受。

3．及时

岔题要抓准时机，一般最好在一个话题刚刚提出，尚未展开时就机敏地选择岔口，把话题岔开。这是因为刚刚提出的话题，虽然成为注意中心，但相应区域的大脑皮层刚刚兴奋起来，未被强化，稳定性差，易被新的话题置换。

反之，话题一旦展开，注意中心已被强化，大脑皮层的兴奋区域处于优势状态，稳定性强，不易发生偏移，用新话题去置换原来的话题就困难了。在交谈过程中，一个岔题机会出现，如不能及时抓住，往往是稍纵即逝。

4．超越

用以岔题的新话题，在自身的新奇性和对方需求性方面，都要大大地超过原来的话题，才能收到良好的效果。新话题刺激强度愈大，对原来话题的注意淡化愈快，岔题愈容易成功。

我们这里所讲的岔题艺术，是在交谈中正确运用的心理活动规律，巧妙地避开一切不利因素，促使交谈在和谐热烈的气氛中顺利进行。这与谈风不正的“乱打岔”是有本质区别的。

委婉温和地说服上司

在给别人尤其是上司提意见、纠错时，要尽量避免用直言，而应采用委婉含蓄的语言形式。直言不讳有时带有刺激性，容易伤害对方的感情，造成抵触情绪；而婉言则比较温和，既表明自己的观点，又显得有礼貌，对方也乐意接受。在这一点上，善用讽谏的晏子是个很好的榜样。

春秋时期，齐景公喜欢打猎，他让烛邹为他管理禽鸟。不料，某天大风雪刮倒了圈养禽鸟的栅栏，禽鸟全部跑掉了。齐景公大怒，下令杀掉烛邹。行刑前，足智多谋的晏子对景公说："大王，请让我将烛邹的罪状一一指出后再杀他，让他死得心服口服，好吗？"齐景公说："可以。"

晏子来到烛邹面前，大声公布其三大"罪状"："烛邹，你听着，你有三大罪状：第一，你玩忽职守，使大王喜爱的禽鸟丢失；第二，为此大王大动肝火，要杀你，这有害大王的健康；第三，各路诸侯听到此事，会误以为我们的大王是重鸟轻人的人，进而对大王心生疑忌，这对江山社稷的影响该多大呀！烛邹，你可知罪？"

听到这里，齐景公犹豫了片刻，改口道："不要杀烛邹！"他对晏子说："我听到了你对我的暗示。放了烛邹，免得我落个不仁的恶名。"

晏子本来对齐景公的任性和残暴极为不满，但他以谴责烛邹、赞成齐景公的姿态说话，巧妙地点出齐景公"重鸟轻人"将导致的后果，从而使齐景公在自己埋伏的语意中思悔、觉醒，既保住了君王的尊严又挽救了烛邹的性命。这里，晏子的话做到了"忠言不逆耳"。

因为直言易惹祸，所以规劝上司时，要拐弯抹角地说，要委婉地表达，让忠言不逆耳。为下属者，每时每刻都应为上司留颜面，才是明智的做法。

诸葛亮的《出师表》就是篇"进尽忠言"的文章。它情真意切，感人至深，收到了"忠言逆耳"的表达效果。

《出师表》节选自晋代史学家陈寿所撰《三国志·诸葛亮传》，这是诸葛亮在建兴五年亲率大军北驻汉中、临行伐魏之际写给后主刘禅的奏章，通篇殷殷叮咛，谆谆告诫，言辞巧妙，陈述得体。

《出师表》堪为忠言不逆耳的文章典范，一切说理论辩、建议忠告之辞，都可以从中得到些表达上的借鉴。当然，诸葛亮的一切构思都是建立在"以情动人"的基础上的，情深方能辞切，感人全在意真。无论是分析形势，提出建议，或者是追述往事，剖明心迹，文章的一字一句无不浸透着作者从肺腑中自然奔涌而出的感情：这是诸葛亮的忧国忘身之情，也是他对刘备父子的忠贞不渝之情。结尾“临表涕零”一语，将情感发挥至极致。唯其胸臆间有，才会笔底下见。也正是这种浸透着深挚真情的忠言忠心，感动了后主刘禅，也感动了千百年来的无数读者，使得《出师表》成为脍炙人口，有口皆碑的名文。

由此可见，说服上司，要保住其脸面，这是指错的最佳效果。

适当运用“激将法”

在说服的过程中，巧言激将，能够把人的自尊心、自信心激起来，让他更好地为你办事。

《三国演义》中有这样一个故事：

马超率兵攻打葭萌关的时候，张飞主动请求出战。

诸葛亮却佯装没听见，对刘备说：“马超智勇双全，无人可敌，除非往荆州唤云长来，方能对敌。”

张飞说：“军师为什么小瞧我？我曾单人独骑抗拒曹操百万大军，难道还怕马超这个匹夫！”

诸葛亮说：“你在当阳桥抗曹，是因为曹操不知道虚实，若知虚实，你怎能安然无事？马超英勇无比，天下的人都知道，他在渭桥大战曹操，把曹操杀得割须弃袍，差一点丧命，绝非等闲之辈，就是云长来也未必能胜他。”

张飞说：“我今天就去，如战胜不了马超，甘受军令惩罚！”

诸葛亮看“激将法”起了作用，便顺水推舟地说：“既然你肯立军令状，便可以为先锋！”

在《三国演义》中，诸葛亮针对张飞脾气暴躁的特点，常常采用“激将法”来说服他。每当遇到重要战事，先说他担当不了此任，或说怕他贪杯酒后误事，激他立下军令状，增强他的责任感和紧迫感，激发他的斗志和勇气，清除他轻敌的思想。

还是三国时期，曹操进攻樊城，刘备渡江退避，在当阳被曹军围攻打了败仗。诸葛亮打算说服孙权联合抗曹，他见孙权气概非凡，知道他是个十分自负的人，如果直接劝告，向他讨救兵孙权是不会答应的。由于双方没什么交情，哀求也不会有什么作用。于是诸葛亮打定主意，在孙权面前说曹军总共有150多万人马，兵多将广，劝说孙权不如赶快投降的好。孙权说：“照你的说法，刘使君怎么不投降曹操呢？”诸葛亮答道：“我们主公是当世英雄，人人佩服，即使时运不济，也断不会屈服于曹操。”孙权一听，认为诸葛亮瞧不起他，心中很生气，决心与曹操一决雌雄。后来赤壁之战，造成鼎足三分的局面。

诸葛亮劝说孙权用的是“反面激将法”。这种方法是在规劝说服时故意把任务说得十分困难（“曹操兵多将广”），暗示对方不能当此重任（劝孙权赶快降曹），或者说对方没有担负此项工作的能力（暗示孙权不如刘备），打算另选更有能力的人去干。这样，对方通常会激起承担这项任务的愿望，并决心干好。孙权就是在诸葛亮一席话的激励下，下定了抗曹的决心。

反面激将法之所以有效，是因为它激起了人的自尊心。心理学指出，希望受到别人的尊重是人的一种普遍的心理。人如果感到自己不被尊重，自尊心弱的人通常会消极悲观，丧失信心；自尊心强的人往往发愤图强，奋起抗争，以博得人们的尊重。你认为任务艰难，他偏说困难不大；你暗示他不能干，他说我能胜任；你说想另选能人，他却认为你瞧不起他，而毅然自荐。这都是维护自尊心的心理动因在起作用。“反面激将法”故意正话反说，激起人的自尊需要，巧妙地达到劝服目的。

运用这种方法，首先要了解劝说对象的心理特点。一般来说，自尊心比较强的人（如自负的孙权），任性、好感情用事，性格外向的人，对他们运用反面激将法一般容易奏效。对那些自尊心弱、敏感多疑、谨小慎微、性格内向的人，不宜运用此法。因为这些人往往会把反面的话视为奚落和嘲讽，从而导致情绪低落或产生反感、怨恨等消极心理。其次，运用反面激将法还要使对方感到你并不是出于一己的私利考虑，而是对他有利，或者使他能够显露才华，这样才能达到预定的目的。如果当时曹操不来攻打东吴，无论诸葛亮怎样激励，孙权也不会作出抗击曹军，维护自己势力的决定。

在说服别人替你办事的时候，倘若能够明白对方属于哪种类型的人，说起话来就比较容易了。

在说服别人给你办事过程中，有时别人并不应允，如果只用直截了当的语言请他们，他们也许会一再拒绝。在这种情况下，巧用激将的语言法则会收到难以达到的效果。

1960年，美国黑人富豪约翰逊意欲在芝加哥为公司总部创建一所办公大楼，为此他跑了多家银行，但始终没有贷款成功。

于是，他决定先上马后加鞭，设法将他的200万美元筹集起来，聘请一位承包商，要他放手进行建造，他再去想方设法筹集所需要的其余500万美元。假如钱用完了而他仍然拿不到抵押贷款，他就得停工待料。

工程很快开始并持续施工，到所剩的钱仅够一个星期花销的时候，约翰逊恰好和大都会人寿保险公司的一个主管在纽约市一起吃晚饭。

约翰逊拿出经常带在身边的一张蓝图。正准备将蓝图摊在餐桌上时，那位主管对他说：“在这儿我们不便谈，明天到我的办公室来。”

第二天，当约翰逊断定大都会公司很有希望给他抵押贷款时，说：“好极了，唯一的问题是今天我就需要得到贷款的承诺。”

“你一定在开玩笑，我们从来没有在一天之内给过这样贷款的承诺。”主管回答。

约翰逊把椅子拉近主管，说：“你是这个部门的主管，也许你应该试试看你有无足够的权力，能把这件事在一天之内办妥。”

主管微笑着说：“你这是让我为难，不过，还是让我试试看吧。”

结果非常理想，约翰逊成功地达到了自己的目的。

约翰逊在谈话中暗示，他怀疑那位主管是否真拥有那么大的权力。主管听了这话，感到自己权力的威严受到了质疑。那好，我就证明给你看！

以激将法说服别人，务必找到并击中对方的要害，迫使他就范。就这件事来说，要害是那位主管对他自己权力的尊严感。

巧言激将，一定要根据不同的交谈对象，采用不同的激将方法，才能收到满意的效果。犹如治病，对症下药，才有疗效。

出其不意，巧妙服人

说服别人最基本的要点之一，就是巧妙地诱导对方的心理或感情，以使他人就范。如果说服的一方特别强调自己的优点，企图使自己占上风，对方反而会加强防范心。所以，应该注意先点破自己的缺点或错误，暂时使对方产生优越感，而且注意不要以一本正经的态度表达，才不会让对方乘虚而入。

当一个人认为自己可能会被人指责时，不妨先数落自己一番，当对方发觉你已承认错误时，便不好意思再指责你了。如当你有求于对方时，一开始你就说："我这可能是无理的要求""我说这些话可能有点啰唆"或"我说的话虽是过分点"。此时，即使你说的话确实令对方感到厌烦，但对方也不会因此当面指责。如果反复使用，反而会加强效果，使对方轻易听完你的要求，并接受它。

美国心理学家卡耐基常常带一只叫雷斯的小猎狗到公园散步。因为他们在公园里很少碰到人，又因为这条狗友善而不伤人，所以他一般不给雷斯系狗链或戴口罩。

有一天，他们在公园遇见一位骑马的警察。警察严厉地说："你为什么让你的狗跑来跑去而不给它系上链子或戴上口罩？你难道不知道这是犯法吗？""是的，我晓得。"卡耐基低声地说："不过，我认为他不至于在这儿咬人。"

"你不认为，你不认为！法律是不管你怎么认为的。它可能在这里咬死松鼠，或咬伤小孩。这次我不追究，假如下次要被我碰上，你就必须跟法官解释了。"

卡耐基的确照办了。但是，他的雷斯不喜欢戴口罩，他也不喜欢它那样。一天下午，他和雷斯正在一座小山坡上赛跑，突然，他看见执法大人正骑在一匹红棕色的马上。

卡耐基想，这下栽了！他决定不等警察开口就先发制人。他说："先生，这下你当场逮到我了。我有罪，你上星期警告过我，若是再带小狗出来而不替它戴口罩，你就罚我。"

"好说，好说。"警察回答的声调很柔和，"我晓得在没人的时候，谁都忍不住要带这样的小狗出来玩。"

"的确忍不住。"卡耐基说道，"但这是违法的。"

"哦，你大概把事情看得太严重了。"警察说，"这样吧，你只要让它跑过小山，到我看不到的地方，事情就算了。"

卡耐基正是运用了"先行自责"法说服技巧，使警察觉得自己受到尊重，从而表现出宽容的态度。

在说服、劝导别人时，要注意环境和气氛，以强化说服的效果。

兵不厌诈的谈判技巧

兵不厌诈，要想取得谈判的胜利，"不择手段"也是非常必要的。谈判双方都都有各自的利益和底线，只要不违背大原则，诈术还是可以使用的。

阿里森是美国一家电器公司的推销员。一次，他到一家公司去推销电机。这家公司前不久刚从阿里森手中买过电机，由于使用不当，电机的温度超过了正常的发热指标，所以，这家公司的总工程师一看到他就不客气地说："阿里森，你不想让我多买你的电机吗？"阿里森在仔细地了解了情况之后，发现总工程师的说法是不正确的，但他没有强行辩解，而是决定以理服人，让客户自己改变态度。于是他微笑着对这位总工程师说："好吧，斯宾塞先生，我的意见和你的一样，如果那电机发热过高，别说再买，就是已买的也要退货，是吗？"

"是的！"总工程师作了肯定的回答。

"当然，电机是会发热的。但是，你当然不希望它的温度超过了全国电工协会规定的标准，是吗？"对方又一次作出了肯定的回答。

在得到了两个肯定回答之后，阿里森开始讨论实质性的问题了。他问斯宾塞："按标准，电机的温度可比室温高72F，是吗？""是的，"斯宾塞说，"但是你们的电机却比这个指标高出许多，简直让人无法用手摸。难道这不是事实吗？"阿里森没有回答这个问题，而是反问道："贵公司车间的温度是多少？"斯宾塞想了一下，说："大约是75F。”阿里森听了，点点头，恍然大悟地说：“这就对了，车间的温度是75F，加上应有的72F，一共是140F左右。请问，要是你把手放进140F的热水里，会不会把手烫伤呢？”对方不情愿地点点头。阿里森趁热打铁地说：“那么，你以后就不要用手去摸电机了。放心，那热度是正常的。”

就这样，阿里森提出了一系列的问题，使对方在一连串的“是”的回答中，不知不觉地否定了自己原来的观点，消除了疑虑。最后，阿里森在这场谈判中不仅取得了成功，而且还顺带做成了一笔生意。

美国开凿巴拿马运河的初期谈判，其谈判谋略也是典型的“请君入瓮”，而且谈判双方都是如此。

谈判的一方是美国，另一方是法国巴拿马运河公司。谈判的焦点问题是美国应该付给这家法国公司多少钱才能取得开凿巴拿马运河的权利。这家法国公司虽然已开凿失败，但它在巴拿马运河却拥有一笔数量可观的资产，其中包括：30000英亩土地、巴拿马铁路、2000幢建筑物、大量的机械设备、医院等。法国人估价1亿多美元，他们开价1.4亿美元。而美国人的开价仅仅2000万美元，二者相距甚远，经过双方磋商，分别让步到1亿和3000万美元，但谈判到此就停了下来。

美国人的战略是声称另找一块地方挖运河，他们选中了尼加拉瓜，美国众议院宣布准备考虑支持开凿尼加拉瓜运河。精明的法国人摸透了对方想要一条运河来沟通两大洋的迫切心理，而且也料到了美国会用尼加拉瓜运河来与巴拿马竞争，于是他们也耍了一个花招，暗示法国亦同时与英国和俄国人谈判，以通过英俄的贷款继续运河的开凿。

双方相持不下。

不久，法国人获得了一份美国有关委员会给总统的秘密报告，报告真诚地赞美了巴拿马运河的优越性，然而提出购买的费用过高，不如实施尼加拉瓜方案。这份情报让法国人的信心动摇了，他们忧心忡忡地卷入了竞争。正所谓“祸不单行，福不双至”。不久，法国内部又爆发了一场危机，巴黎公司的总经理辞职不干，股东大会乱作一团：卖给美国人吧，什么价钱都可以接受！于是一夜之间，法国的报价骤跌至4000万美元，大大落入了美国实际可接受的范围。

从以上两则谈判案例我们不难看出，谈判者谋略的出发点在于巧布迷阵，借以给对手指示某种虚假的动向或暗示的信息，使之具有一定的诱惑力，其目的就在于搜索到对方更多有价值的信息，从而掌握谈判的主动权，达到“请君入瓮”的目的。

在商务谈判中，谈判者也常常运用这种巧布迷阵的策略，放置各种烟雾弹，干扰对方视线，诱使对方步入迷阵，从而从中获利。但设置迷阵，贵在一个“巧”字，谈判者应善于借助一个恰当的形式或局面来制造声势，并能顺理成章，不着痕迹。如果一个谈判者善于将对手引入自己设置的迷宫，这样谈判的主动权就掌握在自己的手中了。

在商务谈判中，设置各种迷阵并不少见。为了避免自己陷入对手的迷阵中，谈判者应从心理上和措施上加以防范，不可不假思索地相信那些轻易获取的信息。谈判桌上的对手大都是一些精明强干的人，他们丢三落四或故弄玄虚，我们就应警觉。许多信息看起来似乎是机密的，其实不过是将你引入歧路的诱饵。为此，谈判者要始终具有清醒、冷静的头脑，防止谈判对手迷阵得手。

旁敲侧击的说服策略

旁敲侧击，避免正面迎敌，这不仅是兵法里的招数，也是与人交往中以守为攻的一条妙计。在说服别人时，不直接交代说服的目的，而通过曲折含蓄的语言，把自己的思想、意见暗示给对方知道。这种语言表达方式既可以达到批评的目的，又可避免难堪的场面，所以常被用来作为说服的有效手段。

苏秦到楚国后，过了三天，才得到被楚王召见的机会。

召见后，苏秦立即请辞回国。

楚王说：“我久闻先生大名，见到你如同见到古代贤人。今天先生不惜千里来会见我，竟然不肯多停留，这是为什么呢？”苏秦回答说：“楚国的饮食比宝玉还贵，柴火比桂木还贵，传达人像鬼一样难以看见，大王像天帝一样难得拜会。如今您是让我吃宝玉、烧桂木，靠着鬼去见天帝。”

楚王顿时很羞愧，说：“请先生暂到宾馆安歇，我听命就是了。”苏秦在这里运用的即是“旁敲侧击法”。

生活中，正面的劝告往往会使人产生逆反心理。这时，不妨独辟蹊径，换个方法来劝说，从侧面打开缺口，或许能事半功倍。旁敲侧击法是一种比较实用的好方法。旁敲侧击法一般多以人与人的感情为媒介，以人对新事物的兴趣、注意力或以列举有关事例为突破口，对其进行攻心。

荷兰物理学家彼得·塞曼，他在大学一年级时十分贪玩，物理成绩也不好，被人称为浪荡公子。为此，他的母亲很伤心。为了劝告儿子，她讲述了这样一段往事：他们的家乡位于西海岸的一个半岛上，自古以来常被大海淹没。1860年5月24日午夜，家乡又遭到了大海的侵袭，一个孕妇在孤舟上漂流了几天几夜，产下了一个男孩儿——彼德·塞曼。幸亏乡民救助，母子二人才平安无事。接着，母亲不无悲哀地说：“早知塞曼是个平庸的人，我当初就不必在海浪中拼搏努力了。”塞曼听完母亲的话，羞愧万分。从此，他改掉坏习惯，努力学习，最终荣获了诺贝尔物理学奖。

有些女孩子喜欢动不动就生男友的气，以显示自己有个性。如果这个女孩儿是父母的掌上明珠，或是兄长的娇妹妹，就更是不能容忍别人对她的不满。有些痴情的男孩子因为自己的某句话引起女友的不快，生怕得罪自己的“公主”，会忙不迭地赔礼道歉，更有甚者会贬低自己请求原谅，以示对恋人的忠贞。其实大可不必如此，你可以采用“柔性敲打”的方法让对方自己觉悟。

某局长的千金小徐和本单位的小张谈恋爱时，总是显示出某种优越感，因为小张是农家子弟，大学毕业分在局里做科员，没有什么靠山。有一次，小徐到小张家做客，对小张家人的一些生活习惯总是流露出看不顺眼的情绪，并不时在小张耳边嘀嘀咕咕。吃过晚饭后，小徐把小姑子使唤得团团转，一会儿叫烧水一会儿又让拿擦脚布什么的。

小张看在眼里，很不是滋味。他借机笑着对妹妹说：“要当师傅先学徒嘛！你现在加紧培训一下也好，等将来你嫁到别人家里，也好摆起师傅的架子来。”小张这么一说，小徐当时似乎听出了什么，过后不得不在小张面前表示自己有些过分。

小张不失时机地用“要当师傅先学徒”的俗话来提醒小

徐，避免了直接冲突。即使对方当时略有不满，过后也会有所感悟的。

使用旁敲侧击的说服策略，能让对方在不知不觉中同意你的论点，对于那些态度强硬的说服对象来说，这无疑是一种好的说服方法。

第 6 章
换位思考，抓住对方的心理需求

说服是一个互动过程，心理的因素至关重要。没有深入的观察与分析，没有顾及环境和对方的感受，不可能把话说得好，说得让人舒服。只有时刻留意对方的兴趣、爱好，明白对方的意图，揣摩对方的心理，这样才能把别人的心吸引过来，从而感动对方，让对方接受我们的观点。

站在对方的立场上进行说服

人是感情动物，我们主观上讲逻辑讲道理，但不应该忽视感情这一点。如果你想跟别人建立成功的关系，就要考虑到别人的感情。正如保罗·帕卡所说："在与人交流中讲感情比讲理性更能成功。"因此，在说服他人时，应该考虑对方的感情，看他是否乐意，心中有何想法，是否接受请求，这样才能说得人心服口服。

一位女士进一家鞋店买鞋。鞋店的一位男店员态度极好，不厌其烦地替她找合适的尺码，但都找不到。最后他耸了耸肩说：

"看来我找不到适合你的，你一只脚比另一只脚大。"

那位女士很生气，站起来要走。鞋店经理听到了两人的对话，他请女士留步。男店员看着经理劝那女士再坐下来，没过多久一双鞋就卖出去了。

女士走后，那店员问经理："你究竟是用什么办法做成这笔生意的？刚才我说的话跟你的意思一样，可她很生气。"

经理解释说："不一样啊，我对她说她一只脚比另一只脚小。"

经理也把真相告诉那位女士，但他考虑到她的感情，而且跟她说话时讲究技巧，又带着尊重。他从那位女士的角度看问题，所以成功了。

注重别人的感情，然后以尊重的态度为别人考虑，这种本领真是十分有用的。正如小说家约瑟夫·康拉德说的："给我合适的字眼，合适的口气，我可以把地球推动。"

只有考虑到别人的情感，照顾到别人的情绪，在说服别人时才有可能被人接受，不至于被一口回绝。

你需要知道别人的感受，并且在说服时把这点也考虑进去。不这样做就是贸然行动，徒然让别人看轻你。如果不再揣测别人的感受，又没有从对方得到足够的信息，你可能只会暴露对别人了解的不足。一旦你把这些莫须有的看法套在别人身上，别人就会对你失去信任，他们会因为你不了解他们而觉得受到伤害，有时候在极端的情况下，他们会觉得受到玩弄而变得反抗性十足。

你得注意每个人都有相当多的不同的个人经验，而在你能够接近他们或者改变他们的看法之前，这些经验构成了他们对事情的看法。要改变别人的态度，通常即意味着要开启他们潜藏在背后的情感，然后提供更好、更有用的其他选择给他们。

如果你想要开始说服别人，你必须这样做：让他们说话，并试着站在他们的立场上。

先了解对方的愿望再说服

假如说服别人有什么秘诀的话，那就是设身处地替别人想想，了解别人的想法和观点。如果一味地为自己的观点和主张做争辩，往往只会陷于顶牛抬杠的困境。

在与人交往的过程中，豁达而谦逊的人最讨人喜欢，自己可以不要面子，但永远记得给别人面子，即使在说服别人的时候，说服高手也要先了解对方的愿望再考虑说服问题。

有一天，美国的哲学家、诗人爱默生同他的儿子一起想把一匹小牛赶进牛栏。但他们犯了一个错误，他们只想到自己的愿望，爱默生在后面推小牛，他的儿子在前面拽小牛。但小牛也有自己的愿望，它把两只前蹄撑在地上，执拗着不照他们父子的愿望行动。小牛又没有穿鼻绳，它顽固地不肯离开牧地。他们家的爱尔兰籍女佣见到这种情景，不由得笑着来帮助他们，她充分理解小牛的愿望。她刚才在厨房干活，手指头上有盐味儿，于是她像母牛喂奶似的，把有咸味的手伸进小牛的嘴里，让它吮着走进了牛栏。

从这个故事中我们不难悟出：动物尚且有自己的愿望，更何况人呢？不了解对方的意愿，光想自己认为怎么样就怎么样，难免会导致社交的失败。

你如果要说服一个人做一件事，在开口之前，最好先问问自己："如果是我，怎样才愿意去做这件事呢？"

在这方面，人际关系大师卡耐基讲过这样一件事：

他每季度都要在纽约的某家大旅馆租用大礼堂20个晚上，用以讲授社交训练课程。

有一个季度，他刚开始授课时，忽然接到通知，房主要他付比原来多3倍的租金。而这个消息到来以前，入场券已经印好，而且早已发出去了，其他准备开课的事宜都已办妥。

很自然，他必须要去交涉。怎样才能交涉成功呢？他们感兴趣的是他们想要的东西。

两天以后，他去找了旅馆经理。

"我接到你们的通知时，有点震惊。"他说，"不过这不怪你。假如我处在你的位置，或许也会写出同样的通知。你是这家旅馆的经理，你的责任是让旅馆尽可能地多盈利。你不这么做的话，你的经理职位很难保住，也不应该保得住。假如你坚持要增加租金，那么让我们来合计一下，这样对你有利还是不利。"

"先讲有利的一面，"卡耐基说，"大礼堂不出租给讲课的而是出租给举办舞会、晚会的，那你可以获大利。因为举行这一类活动的时间不长，他们能一次付出很高的租金，比我这租金当然要多得多，租给我，显然你吃大亏了。”

“现在，再来考虑一下不利的一面。首先，你增加我的租金，就是降低了收入。因为实际上等于你把我撵跑了。由于我付不起你所要的租金，我势必再找别的地方举办训练班。还有一件对你不利的事实。这个训练班将吸引成千上万的有文化、受过教育的中上层管理人员到你的旅馆来听课，对你来说，这难道不是起了不花钱的活广告作用了吗？事实上，假如你花5000元钱在报纸上登广告，你也不可能邀请这么多人亲自到你的旅馆来参观，可我的训练班给你邀请来了。这难道不合算吗？”

讲完后，卡耐基准备告辞了：“请仔细考虑后再答复我。”当然，最后经理让步了。

卡耐基在说服的过程中，没有谈到一句关于他要什么的话，而是站在对方的角度想问题的。

可以设想，如果他气势汹汹地跑进经理办公室，提高嗓门叫道：“这是什么意思！你知道我把入场券印好了，而且都已发出，开课的准备也已全部就绪了，你却要增加300%的租金，你不是存心整人吗？300%！好大的口气！你病了！我才不付哩！”

想想，那该又是怎样的局面呢？大争大吵必然砸锅，你会知道争吵的必然结果：即使卡耐基能够争辩得过对方，旅馆经理的自尊心也很难使他认错而收回原意。

承认并理解对方的不满

下属的不满自有其原因，不是凭空而来。承认并理解他们的不满能增加他们对上司的信任，这时再以有力的语言去说服会让下属心服口服，不再犯同样的错误。

卡耐基的一本书记载这样一个故事：

某公司总经理巡视工厂的时候，发现几个职员站在禁烟牌前面，悠哉悠哉地吐云吞雾。他们看到了经理，还是照抽不误。若换了另一个经营者，一定大发雷霆。可是这位总经理是个老于世故的人，不但不发怒，还上前递给每人一支香烟，说："走吧，我们到外面抽个痛快！"经理禁止不好的行为，但是不直接形之于言，这个办法值得借鉴。如要消除对方的反抗态度，不妨套用这一招。特别是当我们说服别人，而自己的意见使对方不愉快的时候。

因此，要让对方改变态度，就不要一意指责对方的缺点。

采用称赞对方的长处，往往较容易达到目的。拒绝时，要注意说话的口气和气氛。如果对方不愿意那么做，就婉转地反问说，不是不愿意，而是做不到。要对方对某件事不死心时，必须让他知道，不死心就得付出相当的代价才能办到。例如对方在心灵深处总抱不满的时候，如果使其不满有所转向或转位，亦可达到应变的目的。

有人说，“瞧别人的不幸，就能想起自己的不幸。”人的欲望未遂带来的不满，同样也可以套用这个原理。这就是说，看到别人的不满，比自己怀有的不满大得多，心理上的痛苦就会减少许多。不妨善用这一招，使对方大开心扉，接受你的意见。把对方的不满和自己的不满加以比较，这也是给不满另一种评价的方法，你不妨找机会试试。如，在处理某事发生争执时，如果对方对你提出的条件，明显地表示不满，你要承认他的不满有其“价值”，对方如果是个精干的人，他一定会说：“你不愧为此行中的佼佼者，难怪你能容忍敝人的不满。”

如此这般，承认对方的不满是“理所当然”“有其价值”。对方的不满就立刻化为乌有。人，实在是奇怪的动物。当被指出自己的不满“太没道理”，不满之情就愈为高涨，要是不满被“承认”，就有“意外表现”，不知不觉中，不满就大减，或者彻底消除。如果你也表白自己也有类似的不满，双方的心理距离就更能拉近，应变就更容易进行了。所以你要记住：当对方表示不满，就承认那个不满是“理所当然”，以转变对方的情绪，就容易应变，可以搬出更大的不满与对方较小的不满做个对比，表明你也有不满。

当然，怎样看出别人有心理不满的压力是不容易的。有的人不露声色，说话时总是千篇一律，只有“哦”“嗯”作答，毫无积极参与讨论的模样；还有的人答话极其慎重，言辞似乎都刻意选择；当你逼他断然下决定，他却突然回避话题中的细节，或者态度大变，借词拒绝，或一经询问，便左右顾盼，不做正面的回答。也有的人言不由衷，可能背后有某种压力。如，公司的压力、上司的压力、家庭的压力、朋友的压力等，因为这些压力都会造成障碍。他怕轻易许下诺言留下凭证，日后被夹在各种力量之间，难做取舍。

人都是某一集团中的一分子，都受集团本位的影响，有时候为了说服某个人，也可饶个弯，设法用整个集团的观念，一举解决问题。如，推销员常用下列的方法：“大家都认为这个商品很不错。”这一招可使对方觉得被说服的内容与他的“集团本位”有所符合，他就容易被说服。因此，有的人常采用先对集团下手，借以使集团的某分子就范的办法。这对畏缩不决的人，若使出“大家都如此”的应变术更有效。因为当个别人较难使之屈服时，如果换成“集团的决定”，他就易被说服。所以，要在应变上说服对方，务必注意到这一点。在应变中，可以突然把话题扯到对方的集团上，他可能会在举止、言语中说出集团的领导者是谁。比如，如果你提到经理，他的反应平平，可说到董事长他就不禁挪身向前，那么你就不妨进一层，把话题集中到董事长身上。如此一来，你就可以透过对方的介绍，直接与那位董事长

“白刃相交”了。

总之，缓解气氛有助于应变。在应变对方一时难以奏效时，要改变方针，致力于找出对方所在的“集团”即社会关系，以免浪费时间、精力。可以若无其事地把话题诱到对方幕后集团的事，从谈话中必可寻出幕后实力派人士是谁，如果要探出他会受谁的影响，然后，向那个有影响力的人物进行说服。这时候，为了保全对方的面子，可以与那个有影响力的人士接触，但不可操之过急。

先满足别人再满足自己

没有人会随便地听从你的意见或建议，除非你谈论的是对方最感兴趣的话题，否则你甭想说服他人。

说服有方的人总能找到成功的捷径，那就是先满足别人再满足自己。他们也总是能从中获取不少的利益，甚至反败为胜。

日本有一家报社，有一次调换总编辑，新来的总编辑没有在报界担任过职务，甚至没从事过一天最基层的采访工作。他知道大家不服气，上任第一天，他便在“就职演说”中含笑对大家说：“我来咱们报社，别说是做总编辑，就是当资料室职员的资格恐怕也不够，因为关于资料的调查统计，我只对经济方面略知皮毛。我有一个意愿，体验一下做记者的艰辛，希望坐坐新闻记者的大车，同时也希望体验一下各位外勤同事坐大车的辛苦，将来去某银行请求他们合作，替本报同事办一下郊区购房分期付款。”

新来的总编辑愿意体验他们的辛苦，更重要的是他竟对解决大家一直关心的住房问题这么热心，不拥护这样的总编辑，还能拥护谁呢？他的话未讲完，席上已是掌声一片，大家都开始支持他了。

还有一个例子：

一位女歌星打算到东南亚表演歌舞，需要一两个短剧本。她知道香港有一位很令她仰慕的作家，她想：“要是他能够为自己执笔就太好了！”但这女歌星也知道，虽然这位作家学贯中西文笔风趣，但他脾气古怪，而且工作也很忙。

于是，这位歌星打电话给她的朋友，说她已得到某导演的介绍，当晚要和这位作家共进晚餐了，然而她不知道怎样向他开口提出请求。

“你打算请他写些什么短剧？”

“随便他好了，只要他肯写就行。”

“这样子不好，他不了解你的爱好，可能写得不理想，等到他写好之后，你发觉不理想而又要请他修改时，问题便会变得严重了！”

“我最想请他替我写哑女奇缘，不过要有新的内容，不要老的故事。”

“这样很好，他以前写过不少这类东西，你只需说知道他写过这些剧本，十分崇拜就行。”

过了两天，这位歌星给她朋友回电话，很高兴地说：

“他不等我提出要求，便答应替我写两出短剧了。”

她朋友问：“你们在晚餐时，他一直在谈论他过去那些得意之作，是不是？”

“你猜得对，我主要是讲了他的作品在内地怎样受人欢迎。”

这就是说服中迎合别人的兴趣所产生的效果！

在其他的说服过程中何尝不是如此？你是否曾注意到别人的兴趣？与人交往，你是否曾做过这方面的努力？有些人天生就说服有方，这当然很好。但如果不是天才的话，那就需要学习了。

大凡了解罗斯福的人，无不惊奇于他知识的广博。无论是一个牧童、猎人、政客，还是一位外交家，罗斯福好像都明白该同他谈些什么。他是如何做到这一点的呢？其实答案很简单。罗斯福在每接见一位来访者之前，都会花上一定的时间，了解有关这位客人特别感兴趣的东西，有时即使开夜车也一定要找到令这人感兴趣的话题。

同所有的领袖一样，罗斯福深谙与人沟通的诀窍：谈论对方最有兴趣的话题。

前耶鲁大学教授、温和的菲尔普早年就有过这种体会。他在一篇关于论人性的文章中写道：

“我8岁那年，有个周末，我去看望我的姑母林兹莱，并在她家度假。有天晚上，一个中年人来访，他与姑母交谈之后，便将注意力转向我。当时，我正巧对船很感兴趣，而这位客人谈论的话题似乎都离不开船。他走后，我向姑母热情地称赞他，说他是一个多么好的人！对船是多么有兴趣！而我的姑母告诉我说，罗斯福是一位纽约的律师，对有关船的知识其实一点兴趣也没有。但他为什么始终与我谈论船的事情呢？姑母告诉我：因为他是一位人品高尚的人。他见你对船感兴趣，所以就谈论能让你喜欢并感到愉快的话题，同时也使自己为人所欢迎。”

在商业领域，多谈些有关别人感兴趣的话题也是一种很有价值的交流方法，这样你才能更轻松地赚到钱。

杜弗诺先生是纽约一位面包经营商，他千方百计地想将公司的面包卖给纽约一家旅馆。4年来，他每星期都去拜访一次这家旅馆的经理，参加这位经理举行的所有活动，甚至在这家旅馆中订了房间住在这里，以期做成自己的买卖，但他还是失败了。后来，在了解了说服的玄机之后，他决定改变做法。首先打算找出这个人最感兴趣的是什么，看什么事情能引起他的关心。经过一番周折之后，杜弗诺先生了解到此人是美国旅馆协会的会员，十分向往成为该会的会长，因为他想升为国际招待员协会的会长，所以不论在什么地方召开此类大会，他总会想方设法参加。

杜弗诺先生说："第二天，我一见到他，就开始谈论关于旅馆协会的事。我得到的是一种多么热烈的反应！他对我讲了很长时间关于旅馆协会的事，他的声音极富热情。我可以清楚地看出，这确实是他很感兴趣的爱好。在我即将离开他的办公室时，他劝我也加入这个协会。"

这次谈话中，我没有提关于面包的任何一个字。但几天后，他旅馆中的一位负责人给我打来电话，要我带着货样及价目单前去见他。

"真不明白你对我们老板做了些什么事，"这位负责人不解地对他说，"但你的招数的确十分有效。"

事后，杜弗诺感慨地说："我对这人穷追了四年，尽力想赢得他的买卖，如果我不费事去找他所感兴趣的东西，恐怕我现在还不会有任何结果。"

所以，如果你要想说服他人，想让他人对你产生兴趣，切记：如果你需要别人做事或要别人听从你的劝告，你就要首先满足别人的喜好。

让对方感受到你的亲切态度

为了让对方尽快地接纳自己，听从自己的意见，最重要的，就是让对方很快地感受到你的亲切态度，这才是最完美的说服方法。

许多名人以擅长记住对方的姓名而著称，不要说是记住宴会中宾客的姓名，就连十几年前只见过一面的普通人的姓名，都记得一清二楚。他们这种惊人的记忆力即可证明，他受人爱戴绝非偶然。

将初次见面的人的名字记住，并确实把握对方的职业和容貌，确有必要。多湖辉先生第一次同作家三浦朱门见面时，他当即拿出相机摄下多湖辉先生。作家的观察力敏锐，记忆力极强，他还是想办法记住每个人的名字。多湖辉在大学任教时，一个班级有30多个学生，他也用照相的办法记住他们的长相和姓名。这样，以后不论何时相遇，都能很快地叫出对方的姓名。对方必然会感到你很重视他，自然对你产生亲切感，当然也就为发展双方的友谊打下了良好基础。

当你第一次与陌生人见面时，如果对方因为紧张而张口结舌，不知所云，你应该将话题转到他的家人或个人兴趣等熟悉的话题上。因为现代人几乎一天24小时，都处在紧张的状态中，因此，随意谈些日常生活的琐事，会有助于对方把心情放松下来。尽管每个人工作的性质不一样，但对于家人或个人兴趣方面的话题，却总是乐此不疲。因此，类似这样的话题，可以解除初次见面者的紧张感，而使人有一见如故的感觉。

不过，有些人只要用诚恳的态度和他交谈，他就会推心置腹地将心里的话都表达出来。

美国第16任总统林肯，曾经以一句“为人民而创造的政治”之名言，掌握住了民众的心。林肯总统在面对需要说服的场面时，都会说：“我在开始发表意见时，总会将彼此意见的共同点寻找出来。”林肯在他有名的奴隶解放演说中，最初30分钟，只叙述一些持反对态度者所赞同的意见，然后再将反对者，按自己的目标逐渐地拉到自己这边来。

林肯的说服方法，如果从潜在心理术来看，有两个要点，第一就是人往往在被别人压抑住本身的意见时，自己才发现真实的一面，而反过来完全地信赖对方。第二就是“自我发现”时，在主观上仍非常相信就是自己的意思，而事实上这往往是被说服者诱导出来的结果。

林肯运用这个技巧的秘诀，就是在演讲的前30分钟，先巧妙地软化敌人，也就是在一开始时就先强调敌我之间的共同点，引导对方使其接受。如果从一开始就强调对立的立场，彼此间的鸿沟就会愈来愈深，而演变成“如果你有那种想法，那我只好和你拼了”的局面。当对方有了这种心理状态时，你是绝对无法说服他的。

通常心理上的距离会反映在动作上。想要与对方建立亲密的关系而冒昧地去接近对方，有时反会引起对方的不快。就像动物都有自己的地盘一样，人也有所谓的安全区，一旦自己的地盘受到侵犯，就会产生戒心和不安感。尤其在初见面时，彼此完全都是陌生的，更会提高警觉，因此此时不能贸然靠近对方。根据实验报告，要说服对方，双方的距离以4米半最为恰当。若再靠近些，由于彼此可以详细观察，产生不了压迫感，就难以达到说服的目的了。

说服对方时，如果能采用简单明了的话，能使听的人产生明确的印象，而容易被接受。

日本有位著名的助选参谋饭岛清，素有“选举之神”的美称，许多候选人只要聘他做助选参谋，就一定会以高票当选。他曾经说过：“候选人如果懂得比喻的技巧，选举就会比较顺利！”并举出了两段话来作比较。

“最近物价一再上升，在这种动摇的世界经济之下，我曾经具体地去研究原因，以谋求流通机构的合理化。我要以最有效的措施为选民服务。”

“物价上涨的原因很多，就以黄瓜来说，是由中间商从很远的乡下买来，经过整理、装袋，才会到我们手里，因为中间要经过许多的商人。”

同样的说明流通机构，后者要比前者更容易懂。前者所使用的词句太抽象，写成文章也许还看得懂，但是用耳朵听，难免觉得莫名其妙。而且因为听不懂，就会产生不安，而不想接受。

至于后者，因为举出了黄瓜，听的人脑海中就能产生明确的形象，从而安心地听下去。当然饭岛清先生的意思，并非指每一件事都要比喻，而是说要想赢得人心，就必须使用浅显易懂的话，才容易使人接受。

与人初次见面时，彼此都会有点紧张。有的人想博取对方的好感，会使用平常不大说的句子，以免对方看不起自己。这是一种无意识的心理作用，一定要多加注意，不要说出太深奥难懂的话来。

要说服对方，首先应冷静听取他的意见，这是你说服对方的先决条件。认真听取之后，你再以“正如您所说的那样，不过……”的方式陈述己见。此时，你的言行已使对方产生错觉，认为你已接受了他的意见。因此，他对你的建议，也愿认真听取了。博得了对方对你的好感和信赖，问题便有可能圆满解决。

然而，你若不顾对方如何，只一味力陈自己的反对意见，要想说服对方几乎是不可能的。

多湖辉把第一种方法称之为“是……但是方式。”用这种方法去对付那些刚愎自用的上司，尤其有效。向这种人提反对意见，你先采取完全赞同的态度：“我认为正如部长所说……”然后再提出意见。这样，肯定不会招致反感。

然而，应当注意的是，用这种方法时，不能让赞同只停留在口头上。如果嘴里说着对部长的意见如何赞同，但却把极不耐烦地心思写在脸上，一旦被对方看穿，后果不堪设想。所以，你应做到：沉着、冷静、不动声色。

尊重是获得对方好感的前提

尊重是获得对方好感的前提，这样，你既可以获得对方的尊重，也增加了使对方信服的资本，可以说是一举两得。

在交际中，成功的人往往使用不同的方法，操纵各式不同的人。他们所留意的便是人们的特殊需要和各种问题，或是他们的思想和能力，以及他们品行上的特点。有人认为，判断一个人是聪明还是愚笨，是很简单的事，然而决不可把这一点当作是小事。因为这对人们在交往中合作很重要。

许多人都是经过苦斗而成功的。他们在早年的奋斗中都曾碰到过很大的障碍，比如他们的计划常常被人反对，但是，他们都运用巧妙的策略，使反对的人满意而信服，并且有效地合作，从而迅速、轻易地解决了遇到的困难。

据说，富兰克林青年时代，在斐拉岱尔斐亚省开一个小小的印刷所。那时，他被选为本雪尔文尼亚议会的书记。

但是，困难出现了。在选举之前，有一位新议员，发表了一篇明显表示反对他的演说，演说把富兰克林批评得一文不值。富兰克林对这位新议员的反对当然很不高兴，可是，这个人是一位有身份、有学识教养的绅士，他的声誉和才能在议院里很有一些地位。怎么办呢？富兰克林想了一个办法。他听说，这个人藏书室里有几部很珍贵、很稀罕的书，就写了一封简短的信给他，说明想看看这些书，希望他慨然答应借几天。没想到这个议员接到信，立刻就把书送来了。大约过了一个星期，富兰克林就将那些书送去还他，另外附了一封信，热情地表示了谢意。这样，当他们下一次在议院里遇见的时候，他居然跑上前来和富兰克林握手谈话了，而且非常客气，并且说愿意在一切事情上帮忙，于是两个人成为知己，美好的友谊一直维持到终生。

这故事，粗看起来很平常，但细心想想，在富兰克林的成功上，不妄评他人是多么重要的因素呀！

有许多人对于别人来乞取“小惠”常常是很高兴的，尤其是当对方所乞取的东西恰巧是他自己所最得意的东西时。但对于这一点，有些人还没有注意到。从表面上看，这个策略是容易的，但人们却很少坚持地去实行，从而得不到满意的效果。

富兰克林运用这个策略，获得了成功！这种策略的效力，存在于人类天性中的一种潜意识中。我们应当认真研究为什么议员对于富兰克林的鄙视竟会在短时间内完全消失？什么东西在那位议员心中起了作用，使他很快与富兰克林握手言和并成为挚友？

原来，在这一个小关节里，富兰克林无形之中已表示了推崇别人的意思，而自己居于较低的地位。在这种情形下，那位议员俨然是一位施主，而富兰克林变成一个乞求施舍的人。其结果，便是“使别人感到自己地位的优胜和重要”。简单说起来，这个策略，就是引起别人的“自尊心”。在一切人类意识中活动最强的欲望，就是维持他的自尊心。

有时候我们提供一些较好的意见给别人，而这意见恰巧是那人自己的意见时，我们就能够获得那人的好感，因为我们已满足了那人心理上的需要了。所以，帮助别人维持“自尊心”就是使别人对你满意的唯一秘诀。实行这种秘诀，有许多简易的方法。

当我们想起自己曾经给予别人这种帮助的时候，当我们想起这种小小的恩惠被人家很感激地接受的时候，我们岂不是感到很愉快吗？反过来说，我们不是常常看见有些受别人恩惠太多的人，有时候不是反而想避而不见吗？这就是因为我们自己被别人帮助的时候，我们的“自尊心”反而感觉到痛苦了。

许多有心计的人都会看到这一点：在帮助别人的时候，应当以不求报答来安慰别人，这样才可以安慰那人的自尊心；同时，却正是给那人以强烈的刺激，使他希望自己也能帮你的忙，作为受你帮助的报答。

每个人的个性，固然各有不同，然而这种策略是一种人类普遍的需要，它差不多对于一切正常的人，都会适用而且得到成功的。无论是对上级还是下属，对不认识的人或是亲戚朋友，对满意我们的人或不满意我们的人，我们应当留心那些人性情的唯一不同点在哪里？我们每人所特有的个人爱好和习惯是什么？但不论他们的性情怎样，嗜好与习惯怎样，有一条成功的经验就是，人们在交往和合作中，不要忘记使用赢得他人好感和自尊的策略。

“将心比心”才有说服力

生活中说服的最佳结局是双方达成共同认识，而启发对方进行心理位置互换，让对方设身处地地体验别人的心理，主动调整自己的态度和行为方式，则是达到这一目的的行之有效的方法之一，这种方法就是将心比心术。

某商店有位营业员很会做生意，他的营业额比一般营业员都高，有人问他：“是不是因为能说会道，所以生意兴隆？”他回答说：“不是，我的秘密武器是当顾客是自己人。”

有一天，某位顾客站在柜台前东瞧瞧，西看看，还不时用手摸摸摆在柜台上的布料，却不肯买货。凭经验，营业员判断这位顾客是想买块面料，于是赶忙迎上前去说：“您是想买这块料子吗？这块料子很不错，但是您要看仔细，这块布染色深浅不一，我要是您，就不买这一块，而买那一块。”

说着，营业员又从柜台里抽出一匹带隐条的布料，在灯光下展开接着说：“您像是机关里的干部，年龄和我差不多，穿这样料子的衣服会更好些，美观大方，要论价钱，这种料子比您刚才看到的那种每米多3元多钱，做一身衣裳才多7元多，您仔细看看，认真盘算盘算，哪个合算？”

顾客见这位营业员如此热情，居然帮自己选布料，挑毛病，于是不再犹豫，买下了营业员推荐的料子。

这位营业员之所以能成功地做成这笔生意，就是因为运用了将心比心术。站在买者的立场上替顾客精打细算，现身说法，使对方戒备心理、防御心理大大降低，而且产生了一致的认同感，故而说服了对方，做成了生意。

将心比心术，是站在对方的角度谋划和考虑，了解他的心理，了解他的需求，了解他的困难，这种说服方法容易使对方接受，达成统一认识。

有一个出租车女司机把一男青年送到指定地点后，那个男青年掏出尖刀逼她把钱都交出来，她装作害怕的样子，交给歹徒300元钱，说：“今天我就挣这么点儿，我还有一把零钱也给你吧。”说完又拿出20元零钱。见“的姐”如此爽快，歹徒有些迷惑。“的姐”见自己说中了他的弱点，便说：“你家在哪儿住？我送你回家吧。这么晚了，家人肯定等着急了。”见“的姐”是个女子又不反抗，歹徒便把刀收了起来，让“的姐”把他送到火车站去。趁气氛缓和的时机，“的姐”又不失时机地启发歹徒：“我家里原来也非常困难，咱又没啥技术，后来就跟人家学开车，干起这一行来。虽然挣钱不算多，但日子还算过得不错。何况自食其力，穷点儿还会怕谁笑呢！”见歹徒沉默不语，“的姐”继续说：“唉，男子汉四肢健全，干点儿啥都差不了，走上这条路一辈子就毁了。”

火车站到了，见歹徒要下车，“的姐”又说：“我的钱就算帮助你的，用它干点正事，以后别再干这种见不得人的事了。去学一门技术再自食其力吧！”一直不说话的歹徒听罢，突然哭了，把300多元钱往“的姐”手里一塞说：“大姐，我以后饿死也不干这事了。”

说完，低着头就跑了。

在这个事例中，“的姐”将心比心，把话说到了对方的心里，而且最终达到了说服的目的，自己也没有任何损失。

缓急有序，慢慢引导

在说服别人时，有些话是不能直接说的，说了会得罪对方，影响你们之间的关系。倘若对方是你的顶头上司，一句话不对往往会影响到自己的薪水和升迁。在这种情况下，不妨采用步步追问的方式，将对方的思路慢慢地引导过来。当然，在引导的过程中，一定要缓急有序，不可过急，以免让对方应接不暇，从而产生厌烦情绪。当然，铺垫问题也一定要设置合理，通过这些问题，将对方一步步地引向自己的目的，并最终击中要害。

在生活中，步步追问的说服方法其实经常被人们用到。比如，父母在教育孩子时，为了将孩子引向自己的目的，就会使用这种方式。一位妈妈在说服自己的孩子洗澡时，就是巧妙地运用了这种方式。

妈妈把水倒进了澡盆里，而孩子仍在一边玩着小木船，不肯进澡盆。这时，聪明的妈妈拿起他的小木船，问道："小木船应该在哪里运行呀？"

孩子答道："水里。"

"好，那咱们把它放进水里好不好？"

孩子非常乐意，自己也跳进了水里。

在这里，妈妈的问题可谓是巧妙的，简单的问答就让孩子心甘情愿地进了澡盆。

不过，一定要注意，迂回前进曲言婉至时，千万不要操之过急，不要把自己的追问变成逼问，否则就会激起对方的反感情绪，这对自己是非常不利的。而如果运用得当，巧设问题，并且善于察言观色，根据对方的表情和心情巧妙提问，就会收到令人满意的效果。

当然，这种方法不是对任何人都管用的，使用时一定要分对象，并且要选择合适的时间和地点，比如，在对方心情好时，或者是对方兴致高时。

有些时候，有些要求不能够提得太直接，应该搭桥铺路，一步一步地引导对方，使他在不知不觉中接受自己的要求，或者利用事先做好的准备，让别人一点一点地理解，从而实现自己的目的。

如果你的说服对象是自己的爱人，或者是朋友之类值得信赖的人，这种方法就会很容易奏效。并且，在这一过程中，对方的自尊心也会得到极大的满足，如此一来，双方都会得到好处。

有一位聪明的妻子，就是运用搭桥铺路的方法，成功地说服了自己的丈夫，使他心甘情愿地为自己买新衣服。

妻子："哎，学校很快就要举行开学典礼了，可是孩子却没有一件像样的衣服，是不是应该到百货公司去买一些？”

丈夫：“就由你决定好了，反正孩子的衣服不会很贵。”

妻子：“你误会我的意思了，我说的不仅是孩子的衣服问题。”

丈夫：“哦，那还有什么？不就是买参加典礼的衣服吗？要多少钱你自己决定好了。”

妻子：“我知道了，这星期天我们一起去逛百货公司吧！孩子的入学仪式我也必须参加，你说我穿什么衣服好呢？”

丈夫：“穿什么衣服你自己决定就好了。”

妻子：“还是你帮我看看吧，看哪件衣服比较合适。”

丈夫虽不大愿意，仍随着妻子来到了衣橱边。

妻子：“哪一件好看呢？虽然衣服不少，但好像都过时了，你不觉得这些衣服的样式都太老气了吗？”

丈夫：“是吗？我怎么不觉得。”

妻子：“你看，这件虽然是去年才买的，而且颜色、式样都不错，但现在已没人穿这种衣服了。再说这一件吧，这是去年秋天买的，但现在已经不流行这种款式了！”

丈夫：“嗯，听你这么一说，好像是有点过时了。”

妻子：“那么，你说我再买一件好吗？再买一件……”

丈夫：“真拿你没办法，你自己决定好了。”

妻子：“其实你也该打扮打扮了，这次我帮你买件新衬衫吧！”

在这个故事中，妻子以要参加孩子的开学典礼为由，借口给孩子买新衣服的同时，说服丈夫替自己买新衣服。妻子之所以能够取得成功，是因为她精心设计了一个小圈套，并成功地引诱自己的丈夫跳了进去。

在上边的例子中，我们姑且不论这位妻子的个性如何，单就掌握丈夫心理状况而言，她的技巧可谓是高明的。因为她懂得如何抓住丈夫的心理，所以才能说服丈夫为自己买件新衣服。

第 7 章 知己知彼，掌握说服主动权

劝服别人时，不要只顾说自己的理由。要在说服对方之前，把对方的一些情况做深入的了解。对别人的思想、感觉、看法等了解得越透彻明白，就可以使说服的语言更得体，更有效，更容易掌握说服的主动权，并最终打动对方的心灵。

说服也需要知己知彼

“知己知彼，百战百胜”这句老话，是很有道理的。战争如此，说服人也必须如此。

在说服对方之前，必须透彻地了解被说服对象的有关情况，以便有针对性地进行说服工作。了解的内容主要有：

1. 了解对方性格

不同性格的人，对接受他人意见的方式和敏感程度是不一样的。如：是性格急躁的人，还是性格稳重的人；是自负又胸无点墨的人，还是有真才实学又很谦虚的人。掌握了对方的性格，就可以按照他的性格特征，有针对性地说服。

2. 了解对方的长处

一个人的长处就是他最熟悉、最了解、最易理解的领域。如有人对部队生活熟悉、有人对农村生活比较熟悉、有人擅长文艺、有人擅长语言、有人擅长交际、有人擅长计算等。在说服人的时候，要从对方的长处入手。第一，能和他谈到一起去；第二，在他所擅长的领域里，谈论起来他容易理解，便容易说服他；第三，能将他的长处作为说服他的一个有利条件，如一个伶牙俐齿、善于交际的人，在分配他作供销工作时可以说：“你在这方面比别人具有难得的才能，这是发挥你潜在能力的一个最好机会。”这样谈既有理有据，又能表明领导者对他的信任，还能引起他对新工作的兴趣。

3. 了解对方的兴趣

有人喜欢绘画，有人喜欢音乐，还有人喜欢下棋、养鸟、集邮、书法、写作等，人人都喜欢从事和谈论其最感兴趣的事物。从这里入手，打开他的“话匣子”，再对他进行说服，便较容易达到说服的目的。

4. 了解对方当时的情绪

一般说，影响对方情绪的因素有：一是谈话前对方因其他事所造成的心绪仍在起作用；二是谈话当时对方的注意力正集中在哪里；三是对说服者的看法和态度。所以，说服者在开始说服之前，要设法了解他当时的思想动态和情绪，这对说服的成败，是一个重要的环节。

5. 了解对方的其他想法

一个人坚持一种想法，绝不是偶然的，他必定有自己的理由，而且他讲的道理一般都符合国家政策、集体的利益或人之常情。但这常常不是他的真实想法，他的真实想法怕拿出来被人瞧不起，难以启齿。如果领导者能真正了解他的苦衷，就能有针对性地加以解决。

凡此种种，你都要悉心研究，才能够有针对性地采取你说服的方式。

了解对方是有许多学问的。许多人不能说服别人，是因为他不仔细研究对方，不研究用适当的表达方式，就急忙下结论，还以为“一眼看穿了别人”。这就像那些粗心的医生，对病人病情不了解就开了药方，当然没有不碰钉子的。

倾听对方，引起共鸣

说服中我们应该先学会通过聆听对方的诉苦拉近与对方的距离。

在劝说别人的时候，有时不应该把发言权都掌握在自己的手中，而是要让对方说，从对方的话语中知道对方的想法和要求，这样，你就可以利用这个机会，通过满足对方的要求达到说服的目的。

很多人都不喜欢听别人唠叨，所以也不愿认真地倾听。即便你提出的建议是合理的、对他有利的，对方也会觉得烦。有经验的说服者，会十分乐意演好一个听众的角色，甚至会先放下自己的事情，聆听对方的牢骚。而对方就会因感受到他们贴心的关怀，从而自觉地向他们靠近，并会乐意接受他们的建议。

约翰和麦克是邻居，两家的花园连在一起，中间只象征性地隔了一道篱笆。其实，篱笆非常简易，麦克家的狗可以从那里钻来钻去。这只活泼可爱的小狗有个陋习，那就是经常钻过篱笆，到约翰家的花园里方便。对此，约翰太太有些不高兴，整天清理这些东西，既脏又累。于是，她决定与麦克太太谈谈，让他们管好自己的小狗。

约翰太太来到了麦克家，这时，麦克太太正坐在藤椅上，一个人生闷气。原来，麦克先生昨天忘记了她的生日，没有给她买礼物，而今天早上也没有为此事向她道歉。女人都是小心眼的，难怪她生气。这让约翰太太很尴尬，她坐下来，决定陪这位邻居谈谈天。

女人在一起有很多的话可说，而麦克太太又在气头上，更是有千言万语想向人倾诉。她不住地抱怨自己的丈夫如何粗心，如何忽视她的存在，自己的孩子又如何调皮，如何不听管教，以及生活中其他的烦琐的小事情。在整个过程中，约翰太太始终微笑着听她诉说，从没有打断她的话，更没有提起自己此行的目的。渐渐地，麦克太太心情舒畅了，两位太太决定一起到花园里散步。

当她们来到约翰家的花园里时，小狗正好在方便，麦克太太非常尴尬，连忙道歉，并叫出了自己的小狗。约翰太太先安慰她说不要紧，并请她以后看好自己的小狗。麦克太太当即保证，以后再不会有这样的事情发生。

在这个例子中，约翰太太就是通过聆听的方式，表示了对对方的关注，从而获得了对方的好感。在此好感的基础上，她不失时机地提出了自己的要求，麦克太太自然会很爽快地接受。并且，自此之后，两家邻居更要好了，两位太太经常在一起谈心，成了亲密的朋友。

试想，如果约翰太太一到麦克家，就直截了当地提出自己的要求，势必会让本来就不高兴的麦克太太心里更不高兴。麦克太太可能会嘴上答应着，实际上却睁一只眼闭一只眼，不会对自己的小狗管得很严格。并且，两家邻居的关系也会因此受到影响。对约翰太太来说，这实在是得不偿失的。而通过聆听的方式，约翰太太不仅达到了目的，还进一步改善了邻里关系，实在是一举两得的好事。

因此，当我们试图说服对方时，一定要注意聆听，先让对方诉苦，让对方把自己看成是苦恼的共同分担者。这样，你说服起来才能水到渠成，对方也会乐意接受。

要想让别人听从你的，抓住问题的关键把话说得在情在理。

在说服别人时，如果一味地讲一些大道理，对方就会觉得你这个人挺啰唆的，他烦你还来不及，又怎么会听从你的建议呢？

但是，如果你能够抓住问题的关键，把话说得在情在理，让他明白你所说所做的其实是为了他着想，那么，对方就会认真考虑你的建议，并最终为你的建议所打动。

成语“毛遂自荐”的主人公毛遂，就是用这种方式，打动了楚王，并最终说服楚王同意与赵国联手，共同对抗秦国。

战国后期，秦国围攻赵国首都邯郸，赵国无力解围。于是，赵王派相国平原君到楚国，希望楚国能够跟赵国联手，共同对抗秦国。平原君带了20个随员，其中就有自我推荐的毛遂。

到了楚国后，平原君拜见楚王，跟他谈判联手之事。可是，他们从一大早就开始谈，一直谈到中午，也没谈出个所以然来。随员们都等急了，在外边不住地转来转去。

这时，毛遂手握宝剑，走到楚王面前，义正辞严地说道："商汤以七十里之地而统一天下，周文王以三十里之地而收服诸侯，他们取得成功，难道是因为他们人多势众吗？他们之所以能够取得那样的战果，是因为他们善于掌握形势，并且能够充分发挥自己的威力。现在，楚国方圆五千里，军队有着百万之多，这正是争王夺霸的资本。以楚国的强大，天下没有哪个国家可以争锋抵挡。秦将白起，是一个庸劣无知的小人，他带几万人攻打楚国，攻下楚国的鄢、郢二都，焚烧楚先王的墓地，楚王被迫迁都。这真是百代不解的深仇大恨，赵国都为楚国感到羞耻，而你身为楚国嗣君，反而一点都不惭愧。联合抗秦，既是为了解赵国之围，也是为了楚国报仇雪恨，望楚王能够快下决定，早日发兵。"

毛遂的这几句话，正好说到了楚王的心里去。他先恭维楚国的强大，让楚王没有后顾之忧，并且以商汤和周文王为例，让楚王心中顿生豪迈之情，有一种唯我独尊的气概。接着，毛遂又以楚国迁都、祖坟被毁为由，激起了楚王的自尊心，使楚王产生了与秦国势不两立的念头。

最后，毛遂又指出，联手抗秦不仅是为赵国着想，对楚国也是非常有利的。至此，毛遂说服了楚王，使楚王终于出兵。打退了秦国，解了赵国之围。

平原君说服了半天，也没有使得楚王点头，而毛遂简简单单的几句话，却打动了楚王的心，为什么呢？主要是毛遂抓住了问题的关键，把话说得在情在理。

因此，在我们试图说服别人时，也要注意运用这种方式，如果运用得当，就会获得事半功倍的效果。当然，最关键的是分清形势，善于揣摩对方的心理。

了解说服对象的喜好

每个人都有自己的喜好，进行说服时如果能从这方面入手，对方便对你好感大增，就容易成功。

已故的哈伯博士原是芝加哥大学的校长，也就是他那一时代最好的一位大学校长，他善于筹募数额庞大的基金。

一次，哈伯先生需要额外的100万美元来兴建一座新的建筑。他拿了一份芝加哥百万富翁的名单，研究他可以向什么人筹募这笔捐款。结果他选了其中两个人，每一个都是百万富翁，而且彼此都是仇恨很深的对手。

其中一位当时担任芝加哥市区电车公司的总裁。哈伯博士选了一天的中午时分——因为，在这时候，办公室的人员，尤其是这位总裁的秘书，可能都已外出用餐了。于是哈伯博士悠闲地走入他的办公室。对方对于他的突然出现，大吃一惊。

哈伯博士自我介绍说道："我叫哈伯，是芝加哥大学的校长。请原谅我自己闯了进来，但我发现外面办公室并没有人，于是我只好自己决定，走了进来。"

"我曾多次想到你，以及你的市区电车公司。你已经建立了一套很好的电车系统，而且我知道你从这方面赚了很多钱。但是，每一想到你，我总是要想到，总有一天你也要进入那个不可知的世界。在你走后，你并未在这个世界上留下任何纪念物，因为其他人将接管你的金钱，而金钱一旦易手，很快就会被人忘记它原来的主人是谁。"

"我常想提供给你一个让你的姓名永垂不朽的机会。我可以允许你在芝加哥大学兴建一所新的大楼，以你的姓名命名。我本来早就想给你这个机会，但是，学校董事会的一名董事先生却希望把这份荣誉留给X先生（这位正是电车公司老板的对手）。不过，我个人在私下一向欣赏你，而且我现在还是支持你，如果你能允许我这样做，我将去说服校董事会的反对人士，让他们也来支持你。"

"今天我并不是来要求你做出任何的决定，只不过是我刚好经过这儿，想顺便进来坐一下，和你见见面，谈一谈。你可以把这件事考虑一下，如果你希望和我再谈谈这件事，麻烦你有空时拨个电话给我。"

"再见，先生！我很高兴能有这个机会和你聊一聊。"

说完这些，他低头致意，然后退了出去，不给这位电车公司老板任何表示意见的机会。事实上，这位电车公司老板根本没有任何机会说话，都是哈伯先生在说话，这也是他事先如此计划的。他进入对方的办公室只是为了埋下种子，他相信，只要时间一到，这个种子就会发芽，成长壮大。

果然，正如他所预想的那样，他刚回到学校的办公室，电话铃就响了，是电车公司老板打来的电话。他要求和哈伯博士定个约会。第二天早上，两人在哈伯博士的办公室见了面，一个小时后，一张100万美元的支票已经交到哈伯博士的手上了。

为了清楚地展示哈伯先生说服别人的高明之处。我们不妨再来做这样的假设，他在和那家电车公司老板见面后，开头就这样说："芝加哥大学急需基金来建造大楼，我特地前来请求你协助。你已经赚了不少钱，你应该对这个使你赚大钱的社会尽一分力量才对。如果你愿意捐100万美元给我们，我们将把你的姓名刻在我们所要兴建的新大楼上。"真是这样，结果会如何呢？

显然，没有充分的理由足以吸引这位电车公司老板的兴趣。这些话也许说得很对，但他可能不愿承认这一事实。

哈伯博士的高明之处就在于，他以特殊的方式提出说词，而制造出机会，使这位电车公司老板处于防守的地位。告诉这位老板说，自己不敢肯定一定能说服董事会接受这位老板想使自己的姓名出现在新大楼的欲望，因为，哈伯博士在那位老板脑中灌输了这个念头：如果你不予捐款的话，你的对手及竞争者可能就要获得这项荣誉了。

哈伯博士是位运用语言的杰出大师。当他请人捐款时，他总是先为自己能够成功获得这项捐款而铺路。他先在请求捐款对象的脑海中埋下为什么应该把钱捐出的一个充足的好理由，这个理由自然会向这个捐款对象强调捐款后的某些好处。通常，这种好处都是属于商业上的。同时，它也会去吸引这个对象天性中的某些兴趣，以促使他希望他的姓名能够在他死后永垂不朽，而且，通常他总是要事先仔细思索出妥当的计划，并运用高超的说服技巧来使这个计划更为完美妥善，再据此来加以劝导。

从一开始就让对方说“是”

为了说服对方，要尽可能使对方在开始的时候说“是的，是的”，尽可能不使他说“不”。

说服过程中，一个否定的反应是最不容易突破的障碍，当一个人说“不”时，他所有的人格尊严，都要求他坚持到底。也许事后他觉得自己的“不”说错了，然而，他必须考虑到宝贵的自尊。既然说出了口，他就得坚持下去。因此一开始就使对方采取肯定的态度，是最重要的。

这种强调彼此是为相同的目标而努力使用“是，是”的方法，使得纽约市格林威治储蓄银行的职员詹姆斯·艾伯森挽回了一名即将失去的主顾约翰先生。

约翰要开一个户头，艾伯森先生就给他一些平常表格让他填。有些问题他心甘情愿地回答了，但有些他则根本拒绝回答。

在研究做人处世技巧之前，艾伯森一定会对约翰说：“如果您拒绝对银行透露那些资料的话，我们就无法让您开户头。”当然，像那种断然的方法，会使自己觉得痛快，因为表现出了谁是老板，也表现出了银行的规矩不容破坏。但那种态度，当然不能让一个进来开户头的人有一种受欢迎和受重视的感觉。

那天早上，艾伯森决定采取一点实用的普通常识。他决定不谈论银行所要的，而谈论对方所要的。最重要的，他决定在一开始就使客户说“是”，“是”。因此，他不反对约翰先生，而是说：“您拒绝透露的那些资料，也许并不是绝对必要的。”

“是的，当然。”约翰回答。

“你难道不认为，把你最亲近的亲属名字告诉我们，是一种很好的方法，万一你去世了，我们就能正确并不耽搁地实现你的愿望吗？”艾伯森又问。

约翰又说：“是的。”

接着，他的态度软化下来，当他发现银行需要那些资料不是为了自己，而是为了客户的时候，他改变了态度。在离开银行之前，约翰先生不只告诉艾伯森所有关于他自己的资料，还在艾伯森的建议下，开了一个信托户头，指定他母亲为受益人，而且很乐意地回答所有关于他母亲的资料。

记住：若一开始你就让对方说“是”，他就会忘掉你们争执的事情，而乐意去做你所建议的事。

以下是一个希望儿子考上大学的母亲，为了期待改变儿子吊儿郎当的态度而与他进行的对话：

“高考迫在眉睫了，你非加紧用功不行！你看看你，整天只知道弹吉他，这样下去不行啊！唉，真不知道你心里是怎么想的！”

“哼，怎么想？我觉得读不读大学都无所谓。那些书呆子们拼了命考上一流大学，进了大企业，结果又怎样？像爸爸，在公司做那么久了，还不是一遇到裁员就立刻失业啦！”

“话不能那么说呀！虽然爸爸今天是被裁员了，可是这许多年来我们家的生活水准不都是在中等之上吗？这些你是知道的。你从小学开始就一直就读重点学校，你想要的东西又有哪一样没买给你？这些都是你爸爸的功劳，全都因为他上过一流大学，进了大企业的缘故呀！你想想看要不是你爸爸，我们家会变成什么样子呢？根本就不可能像现在日子过得这么舒服！”

“知道啦！可是我喜欢玩音乐，想试一试究竟自己能不能靠它闯出一番局面来，就算不成功我也不会后悔的。”

“音乐？我知道你喜欢音乐，但这只能当作兴趣而已。要想成为音乐家是要有特殊天赋的。你确定自己有天赋吗？就算你有天赋，还得加上长期不断的训练啊！而且你能玩上十年的音乐吗？能吗？”

“说的也是……但我还是想试试。”

“喜欢归喜欢，放弃考大学而玩音乐，毕竟太冒险！进了大学也还可以玩音乐。只要上了大学，你想干什么就干什么，也不至于在日后才后悔呀……”

“嗯，知道了。”

这位母亲的说服相当成功。她巧妙地利用了儿子自己对于放弃大学而专玩音乐的潜在不安全感，让他明确感受到危机所在。

要知道对方的“心结”所在

说服对方，就要知道对方的“心结”所在，“刚好用在刀刃”上才会产生更大的作用和效果。

在说服中，如果只知道了对方的观点和态度，而对对方为什么会有这样的观点和态度弄不清，这就谈不上对症下药了。有这样一个笑话：

某青年见同伴唉声叹气，说生活太空虚，活着没劲。他问：“你这是怎么了？为什么事情烦恼？”

“唉，你知道，我特别爱那个姑娘。我把自己的一颗心掏出来给她，可她居然拒绝了我的求爱。”

“拒绝了？咳！你别当真！更用不着为这个灰心丧气。有志者事竟成，你要坚持不懈地追求嘛！要知道，女人对男人的求爱说‘不’，常常意味着‘是’。她不一定是真心拒绝你，你又何必当真？”

“可她并没有对我说‘不’呀，而是轻蔑地对我说‘呸！”

啊？！这下子，这位说理者傻眼了。他对对方失恋的原因没搞清楚，怎么可能说服对方呢？

口才需要敏锐的反馈意识，不仅要获得对方的反馈信息，而且要对对方做出某种反应的原因、含义有准确无误的判断。否则，双方就无法进行有效地交流。有的放矢说话，这一点在说理中尤其重要。

关于对症下药，一名工厂的劳资干部深有体会。她介绍自己的亲身体会说：

有一次，一位由传达室精简下来到车间的女职工闹情绪，说厂长有意整人，还要求厂长立即给她办病休手续，要吃劳保。厂长给她讲道理，她一句也听不进去。这天，她又来找厂长闹，我叫住了他：“大姐，咱姐妹不错，来，到我这儿坐坐，有几句贴心话我想和你唠唠。”

这位女士一落座就如数家珍一般将她的“理”抖落一遍。反正一个意思，叫她下车间是厂长有意整她。等她说完了，我说：“大姐啊，你说厂长整你，我看可能是你多心了。厂长新来乍到，和咱无冤无仇，咋会整你呢？这次精简机关下去20多人，你们传达室也下去了3个人，不只你一个。我看厂长绝不是和哪一个人过不去。要说呢，这些年你在传达室工作轻车熟路，乍一下车间劳动肯定比在传达室要累。可话说回来，累也不是光咱一个。就说新厂长吧，50多岁了，比你还大几岁，不也照样下车间去干活？他图的啥？再一说，精简后，传达室过去5个人现在剩下两个人了，两个人干5个人的活儿，肯定也不像以前那么轻松了。你说是不？咱下到车间后，干活虽然累点，可是多干多得，这不比在传达室里拿那几个死钱强吗？”

我边说边观察她的变化，看到她的脸色不那么阴沉了，犯了思忖，我又继续说道：“大姐啊，你一时生气，要吃劳保可是太不合算呀！你今年48岁，差两岁就该退休了。如果你现在吃劳保，那退休后的工资只能拿70%，你不就吃大亏了？你想想，咱辛辛苦苦干了一辈子，只差这么几天就熬不下来了？常言道，编筐编篓重在收口。我看你不如把这个尾巴续好，给大家留个好念性儿，自己也不吃亏！大姐，你思谋思谋，我说得对不？”

没想到这话还真管事儿，当下她脸上露出了笑模样。她拉住我激动地说：“你算把你傻大姐给说醒了！人在事中迷，就怕没人提。我这最后一步差点迈砸了！我听你的，明天就下车间！”第二天，她当真穿上工作服下了车间。

人在事中迷，就需要有人提，但说理的人一定要弄清对方在事中迷的原因，针对其症结所在，申明利害，以理攻心。这样就能做到一番话说笑了“苦恼人”，甚至在重大的问题上使说理具有一语值千金的价值。

1948年冬季，我人民解放军展开平津战役。为保护历史名城北平，也为避免流血牺牲，我党敦促傅作义将军举行和谈，弃暗投明。但他顾虑重重，拿不定主意。他手下的少将参议刘存同老先生受我地下党员杜任之的委托，出面说服傅作义将军。刘老先生语重心长地为傅先生的前途着想，劝道：“宜生，是当机立断的时候了，一定要顺应人心，和平谈判，万万不可自我毁灭，万万不可。”当时，傅作义对形势是有清醒估计的，但他主要的顾虑是怕被看成叛逆。于是刘老先生针对其症结所在开导他，给他讲了我国历史上商汤放桀、武王伐纣的故事。他说：“汤与武王是桀、纣的重臣，后人不但不称汤与武王是叛逆，反而赞美他们深明大义。忠，应该忠于人民，而非忠于一个人。目前国事败成这个样子，人民流离失所，处在水深火热之中，人民希望和平。如果你能顺应人心，倡导和平，天下人会箪食壶浆来欢迎你，谁还会说你是叛逆？”刘老先生这样设身处地为他着想，以情开路，以理攻心，终于促使傅作义将军答应举行和平谈判，为和平解放北平拉开了帷幕。

总之，说服教育只能在自觉自愿的基础上进行。而心理相容、对症下药的过程，恰恰是启迪和实现这种自觉自愿的过程。我们不论说什么理，说服什么人，都要依循对方的心理轨迹步步深入，将自己的观点和意图逐渐熔铸在对方的心里。这样，说理才有力量，才能达到目的。

刚柔相济，进退自如

在今天的经济生活中，口才更是一个重要的角色，在经济或商业的“战场”上大显身手。在谈判过程中，口才更是举足轻重的，直接关系到谈判的成败。

1985年9月，中日双方在北京举行了一次关于经济赔偿的谈判。彼此挑选的都是精明强干的代表，兵对兵，将对将。9月30日，我国国家经委因进口5800辆三菱牌汽车不合质量要求而向日本三菱汽车公司索赔的最后谈判开始了。

双方代表步入到谈判室，彼此见面时弯腰鞠躬，彬彬有礼，气氛友好怡然，这好像似乎不是在谈判，倒像是一场亲切的会谈。愈是这样，彼此都感到对手不凡，一根根心弦都绷得紧紧的。因为这是关键的一搏，结局怎么样，不是三五万的小数目，而是几亿，几十亿巨额损失。

双方唇枪舌战，你来我往，各不相让。日方谈判代表深知汽车质量问题无法避免，因而采取了避重就轻的办法。日方每讲一句话，言语谨慎，含糊其辞：如有的车子轮胎炸裂，挡风玻璃炸碎，电路有点故障，铆钉有的震断，有的车架偶有裂纹；我方代表马上予以回击：贵公司的代表都到过现场，亲自察看过现状，经商检部门和专家小组鉴定，铆钉非属震断，而是剪断的，车架出现的不仅仅是裂纹，而是断裂裂缝！所有损坏情况不能用“有的”或“偶有”推托，最好还是用事实数据说明更为精确。我方代表将各种三菱汽车质量的检验证据一齐摆在日方代表面前，这些验证材料除了使用中国国产检车设备得出的结论，还有日方刚出口给我国的最先进的检车设备作出的复核结果。

我方对日方一一进行反驳，条理清晰，反驳恰当有力，一下子就把日方顶进了死胡同。在此基础上，我方依靠科学的依据，准确地计算，提出全批质量索赔，还要求赔偿我方用户间接的经济损失。日方代表虽竭尽全力抵挡狡辩，终敌不过我方铁的事实和有力的反驳，同意支付给我方汽车加工费7. 76亿日元。

接着，双方争议最大的谈判项目，是间接经济损失的赔偿问题。

日方在谈这项损失费时，也采取逐条报出，每报完一条，总要不间断地停一下，环视一下中方代表的反应，仿佛给每笔金额数目都要圈上不留余地的问号。日方提出支付30

亿日元。

我方代表琢磨着每一笔报价的奥秘，把那些“大约”“预计”等含混不清的字眼都挑出来，指出里面埋下的伏笔，揭穿了对方所耍的花招。在谈判桌上，我方报完每个项目与金额后，都讲明每个数字测算的依据。最后，我方提出赔偿间接经济损失费为70亿日元。

日方代表听了这个数字后，惊得目瞪口呆，过了老半天才连连说：“差额太大，差额太大！”并苦苦哀求着说：“贵国提出的索赔额过高，若不压减，我们会被解雇的。我们是有妻儿老小的……”

我方代表严词指出：“贵公司生产如此低劣的产品，给我国造成多么大的经济损失啊！”但继而又给对方放下台的梯子，安慰道：“我们不愿为难诸位代表，如果你们做不了主，请贵方决策人员与我方谈判。”

双方各不相让，又一番讨价还价之后，只好暂时休会。日方首席代表接通了北京通往日本三菱汽车公司的电话，与幕后的公司最高决策人员密谈了数小时，围绕索赔一事进行了紧急磋商。

紧接着，谈判又开始了。先是一阵激烈的舌战，继而双方一语不发，谈判的气氛骤然降到了冰点。还是我方代表首先打破僵局：“中日贸易不是一天两天的事，以后的日子还很长。我们相信贵公司绝不愿意失去中国这个最大的贸易伙伴和广阔的汽车市场。如果贵方有诚意维护自己的信誉，彼此均可以作适当的让步。”

“我公司愿付40亿日元，这是最高数目了。”我方代表的话起了作用，对方有所松动。

“我们希望贵公司最低支付60亿日元。”我方代表不作太大的让步。

这样一来，谈判又出现了新的转机，经过双方几经周折，报价，压价，最终以日方赔偿我方50亿日元并承担另外几项责任而宣告结束。

一起罕见的特大索赔案谈判成功了。在这里，谈判口才的作用十分明显，我方代表依靠卓越的谈判口才，严正地维护了国家的利益。

说话要激发对方的欲望

心理学家哈瑞·欧佛斯在他的著作《影响人类行为模式》中曾说：“人类的一切行为，皆来自某种特定的欲望。不论是在商场、家中、学校或是政坛上，只要能学会如何去激发对方的欲望，定能支配整个世界，获得广泛的支持，否则必将孤独无助。”

真正要对别人产生影响，最主要的，还是得先弄清楚他需要什么，并帮着他去获得满足。

钢铁大王安德鲁·卡耐基早年工作时，每小时只能领到两分钱的工资，后来竟能随手一捐，就是三亿六千万美金，因为他知道要管理周围的人，最重要的就是要处处激发并满足其需要。他一生只受过四年的小学教育，但却明白管理人的方法。

如果你想叫某人去做某事，在你开口之前，最好先静心想想："我该如何使他心甘情愿地去做呢？"

提出这样一个问题之后，你保证不会再莽莽撞撞，完全按着自己的需要来要求别人，更不会招致对方的怨言与责备。

纵观时下，有多少推销员忙碌一整天下来，却始终一点成绩也没有，为什么呢？因为他们满脑子想的，只是他们自己的需要，而不想想人家并不需要买任何东西，如果真有这个需要，他们也会自己上街去买。相反，如果推销员能使人们了解他的服务，是在帮助他们解决问题。在这种情况下，他们当然会掏钱买你的东西。许多人干了一辈子推销员，却还不懂得站在顾客的立场来想事情。

约翰逊说："有些事能够打动任何一个人的心，使他答应你的要求。这种事也许与商业无关。它可能是一种梦想，一个希望，或是对一个人或一件事的承诺。"

类似的事例有一件我始终难忘。田纳西州一家公司的代表到芝加哥来兜售一批新化妆品，我于是为自己的化妆公司订购了一些。这个人后来到了纽约，售出了两批远比我的订购量多的货物。他回到田纳西州后，根本无暇理会我的小订单和交货日期。

可是我已根据他的承诺，在店中腾出了空架子。每次我打电话找他时，他都支吾以对。后来我对自己说："必须想办法说服这个人，使他履行诺言。有什么事可以打动他的呢？"接着，我想出来了：荣誉。这个字眼在美国南方是很重要的。

我再打电话给他时，对他说道："你是南方人，我也是南方人，我要告诉你的是，有好几家外国公司曾经向我兜售这种货，可是我却执意要从一家南方的公司买进这些东西。我从前在南方时，白人很少答应黑人什么事情，可是他们一旦答应了你，那你就放心好了。我离开南方已经四十多年了，难道说白人已经改变了这么多吗？"

他沉默了很久，然后说道："约翰逊，你什么时候要这批货？"我说："下星期。""这个星期好吗？"他说。最重要而应记住的一点是，我们大家都太只顾自己。如果要说服别人接受我们的意见，我们就应该仔细想想别人的需要，而不是只顾我们本身的需要。

如果你想别人满足你的需要，那你必须先找出他需要的是什么，然后使他在符合他自己利益的情况下促进你的利益。你如果要别人帮助你，就不能不为别人设想。一位外交官的太太曾向我细述她丈夫初入外交界，带她出去应酬时，她在那些场合多么受罪。她说："我是个小地方的人，而满屋子都是口才奇佳、曾在世界各地住过的人。我拼命找话题，不想只听别人说话。”

一天黄昏，她终于向一位不大讲话但深受欢迎的资深外交家吐露自己的问题。他告诉她说：“每个人说话都要有人听。相信我，善于聆听的人在宴会中同样受欢迎，而且难能可贵，就好像撒哈拉沙漠中的甘泉一样。”

每个人都需要满足自己内心的某种需要，抓住这一点，你说出来的话就会产生相应的效果。

懂得别人的需要，就能够得到别人的欣赏，也就能够得到别人的好意和欢迎。

你只要学到这一点，开始逐渐尝试去站在别人的立场、替别人设想，那也是值得的，够你一生受益无穷了。

威廉·温特曾经说过：“自我表现，才是人类心底最强烈的一种需求。”同样的，何不将这些心理常识，试着运用在实际生活当中呢?

是的，我想要得到什么？什么也不要。如果我们只图从别人那里获得什么，那我们就无法给人一些真诚的赞美，那也就无法真诚地给别人一些快乐了。

如果一定要说我想得到什么的话，告诉你，我想得到的只是一件无价的东西。这就是我为他做了一件事情，而他又无法回报我。过后很久，在我心中还会有一种满足的感觉。

你不必等到当了驻法大使或某某委员会主席才应用这种赞赏别人的哲学。你每一天都可以把它派上用场，并获得应有的效果。

如何做？何时做？何处做？回答是：随时随地都可做。

譬如，我在饭店点的是法式炸洋芋，可是，女侍者端来的却是洋芋泥。我就说："太麻烦您了，我比较喜欢法式炸洋芋。"她一定会这么回答："不，不麻烦。"而且会愉快地把我点的菜端来。因为我已经表现出了对她的尊敬和重视。

一些客气的话实际上就是对别人的重视。"谢谢你""请问""麻烦你"诸如此类的细微礼貌，可以润滑每日生活的单调齿轮。有时候，真诚地重视别人往往还会产生意想不到的效果呢！

詹姆斯·亚当森是纽约超级座椅公司的董事长，当他得知著名的乔治·伊斯曼为了纪念母亲，要建造伊斯曼音乐学校和伯恩剧院时，他很想得到这两座建筑物座椅的订单。然而，伊斯曼只答应和他晤面五分钟。

"我从未见过这样漂亮的办公室，如果我有一间这样的办公室，我也一定会埋头工作的。"亚当森是这样开始谈话的。他又用手摸摸一块镶板。"这不是英国橡木吗？条纹跟意大利的稍有不同。""是的，"伊斯曼回答，"这是一位对木材特别有研究的朋友替我选的。”

接着，伊斯曼就带他参观整个办公室，兴致勃勃地介绍那些比例、色彩和手艺。

五分钟吗？一小时过去了，两小时过去了，他们愉快的谈话还在继续。最后，亚当森终于从伊斯曼那里得到了满足。这是自然的，因为亚当森给了伊斯曼以满足。

给别人满足，你就会受到欢迎，你就能够推销自己，也就能够推销自己的商品。

在家庭生活中，尤其要注意重视别人。这一点比在任何地方更需要。你的太太有一定的优点——至少你一度这样认为，否则你不会同她结婚。但自从你上次真诚地夸奖了她以来，已经有多久了？如果你想每天得到快乐，决不能责怪你太太的治家本领。相反的，你要经常赞美她的勤快，公开表示你幸运地娶到了一个既有外在美又有内在美的妻子。即使牛排像牛皮，面包像黑炭，也不要抱怨。你只要若无其事说说这些东西做得没有平常做得那么好就足够了。她必定会在厨房里暗暗努力，以便达到你对她的理想程度。因为你没有轻视她，没有伤害她的自尊，而是使她感受到了自己在家庭中的重要地位。如果有更多的丈夫做到这一点的话，那一定就不会有那么多的夫妇分道扬镳了！

说话注意激发对方的欲望，不论是在家庭，在社会，在工作单位，在推销过程中，都能够使你获得人心，使你成为一个到处都受欢迎的人。

欲擒故纵操控术

一家银行的总经理和人事部经理正在给一批刚录用进来的大学毕业生开会，发现其中有不少留长发的男子。为了能使这些留长发的毕业生都留短发，人事部经理在致辞时是这样说的："诸位，我对头发的长短问题，一直以来都持豁达的态度，诸位的头发长度只要在我和总经理的头发长度之间就没有问题了。"

大家立刻把目光投向经理，只见经理面带笑容站起来，等他摘下帽子后，露出的竟然是一个大大的光头。

人事部经理的本意是要求新进职员都留短发的，但是，他没有直接说出来，而是采用了欲擒故纵法：从表面上来看，银行对于头发长短问题一直都持"豁达的态度"，这是"纵"；实际上，却要求"诸位的头发长度只要在我和经理先生的头发长度之间就没有问题了"，这就是"擒"。

"欲擒故纵"是三十六计之一，这是一种非常有效力的方法：一方面，它大大增加了幽默感，从而使自己的要求更容易被对方所接受；另一方面，先放后收的表达方式，使对方不好直接讨价还价，只得照办。

在推销商品时，推销员不妨采取欲擒故纵这一策略，先让客户尝到甜头，等客户割舍不掉时，再转入实际，最终客户便会心甘情愿地下单。

一战时期，美国有一位叫哈利的大富翁。他从15岁时就在一个马戏团当童工，负责叫卖柠檬冰水。有一次，他在马戏开始前，为每一位观众免费赠送了一包花生米。由于花生米比较咸，一些观众吃后便觉得口渴。就在这时，哈利再提着爽口的柠檬冰水挨座叫卖，几乎所有拿过免费花生的观众都买了他的柠檬冰水。就这样，他的柠檬冰水全部卖光，而且还赚回了所投资花生米的本钱。

在与客户沟通过程中，有些推销员往往急于销售商品，急于把生意做成功，最终“欲速则不达”，无功而返。大富翁哈利所采用的就是“欲擒故纵”营销之术，他为了销售柠檬冰，先“放出”一包花生，最终连本带利全部收回。

在现代市场营销中，采用“欲擒故纵”营销之术的案例比比皆是。

某食品公司在端午节来临之际，向全市各大经销商及众多企事业单位免费送去粽子，等粽子有了一定的消费者和市场基础后，他们立即停止免费赠送行为，开始光明正大地收钱。虽然这种粽子的价格较高，但却给一些品尝过的消费者留下了深刻的印象，购买的人仍然非常多。

一个大型商场正在开展一款新型饮水机的销售活动。这款饮水机不仅款式新颖，方便实用，而且价格还很低廉，一时间吸引了众多消费者。经过销售人员的现场讲解、示范后，当场就有许多消费者掏钱购买。

而就在这些消费者准备离开时，销售员又开始说道："这种饮水机虽然可以把自来水烧开，但如果有一个净水器的话，所饮用的水会更安全、更卫生，非常有利于人体健康。"

销售员的一席话让购买饮水机的消费者立即停止了脚步，有人开始询问净水器的情况。这位销售员告诉消费者，这种净水器与刚才的饮水机是配套生产的，目前只有该商场一家经营。虽然这款净水器的价格有些高，但是，健康是头等大事，很多消费者还是再次掏钱购买了净水器。

其实，"欲擒故纵"的营销术就是一种心理战术，只要你抓住了消费者的心理，那么，你也就抓住了商品销售的机会。无论是粽子生产商还是饮水机的经销商，他们都抓住了客户的心理，一开始就抛出了诱人的条件。因为他们知道，如果一开始能以诱人的条件让客户心动，过后再提出附带条件，客户即便感觉有些损失，也往往会欣然接受。

"欲擒故纵"是一种有效促进销售的策略，销售人员在运用这样销售策略时，需要注意以下几个问题：

（1）给客户以希望，让客户主动与你沟通。

（2）以优厚的条件诱惑对方，再让对方接受其余的附加部分。

（3）暂时回避不便回答的问题，巧妙置换谈话主题。

（4）适当时机可以佯装告辞或者结束谈话反而会促进成交。

（5）可以制造短缺的假象，影响客户的购买行为。

（6）使用这种迂回战术要不露痕迹，否则会适得其反。

在商品价格较高不易被客户接受或者商品不宜销售的情况下，欲擒故纵式的说服往往能在愉悦的氛围中达成目的。但是，要想发挥好这种说服技巧，关键就在于处理好“纵”与“擒”的关系。

操纵他人的十大原则

在与他人打交道的过程中，谁操纵语言的能力强，谁就可以做一个主动者。当然，这并不是要你去做一个统治者，而是让你迅速达到你想要达到的目的。

关于说话的技巧，这里列出十项原则，这十项原则，不但能使你了解对方，同时也能帮助你了解自己。如果你能切实地去实行，你便能得到加倍的力量。

（1）你与对方交谈时，一定要以彼此都有兴趣的事作为话题，以问答的方式引起对方对事物的见解或意见。你应该明白，对方的见解与意见，也是与你的一样有价值、有意义。

（2）温柔的悄悄话，就是世间最有力量的话，它具有使人难以抗拒的说服力，并使人永远站在优势的位置。

（3）如果你想成为一位雄辩家，你就要随时注意并牢记别人所说的较有分量的话，或有深刻印象的话和成语，这才是最有效的方法。但这并非要你一味地去模仿别人而失去自我，而是希望你对于这类的话语更加注意，养成习惯，以帮助自己建立属于自己的新语言。

（4）应该婉转地表示出拒绝之意，尤其当别人令你为难的时候，你一定要有勇气让对方知道你的真正想法。某位企业家为了避免在有限的时间里受人打扰，就对所有的来访客人说："如果你能在几个小时前告诉我的话，我一定会为你安排好时间的。"

（5）数千年前的一位希腊诗人曾说过，"世界上没有比沉默更宝贵的东西了。"我们中国人也常说："沉默是金。"的确，这句话至今仍是为众人所信服的一个真理。

沉默，可以用冷静的头脑观察对方，如果你能洞察他人的心思，你就能轻而易举地把对方吸引过来。

沉默，可以使态度不友善或蛮不讲理的人，落入你预先准备好的陷阱里。对付顽固的人，以沉默的态度让他尽量发挥，他自然会逐渐不再坚持己见，转而要求你提出自己的意见。沉默使你不会说错话，不会做出虚伪与无意义的事情。对于对方来说，“静静地听”便是令他产生感激之情的最有效的办法。也许当时因为他自己正是滔滔不绝、口若悬河，因此没有注意到你正以体谅的心情在听他诉说，但是当他说话告一段落时，当他把心里要说的话说完的时候，他会感觉特别轻松，自然地他就会开始喜欢你，对你的沉默难以忘怀，并表示出感激之意。

话说完之后，便保持沉默，这就是最有效的说服力。你不妨试试看。

（6）面对表情严肃而僵硬的人，你不必害怕，反而要想：也许对方是为了隐瞒他的胆怯而毫无表情，是故作姿态，希望你先向他说话，表示出和善之意，所以你必须尽量向他表示好感，引起他的话题。当你如此做的时候，你一定会发觉彼此间的气氛愈来愈温暖，愈来愈融洽，而这是你训练说话的最佳场所，你可以使对方成为自己最忠实的朋友。

（7）说话以让对方了解为最高原则，要能完整而清楚地表达出自己的意思，否则对自己正感到困惑不安的人，绝不会接纳你的意见，或赞同你的见解。

在你说话之时，他人通常会以两种态度来对待你，一是理解的态度；二是评判的态度，这就是你自我评价的基准。“人往高处走”是千古不变的法则，所以要希望自我评价得很高，或使他人对你有很高的评价，就必须经常自问：“他现在赞成我，但他是否已确实了解他将会得到的结果呢？”倘若对方赞成你是因为他已确实明了其结果，那么，此时你的力量已经对他发生了作用，你大可放心了。

（8）说话时，切勿太唐突或太客气，最好能营造出一个缓和而诚恳的气氛。

（9）对自己所要说的话，不必加以解释，或添加不必要的感情语句，有的时候要切记不要滥用“请”“对不起”“谢谢你”等客气的词句，因为往往这些词句会使你显得比较懦弱，不够强硬。太客气的话只能讲在必须讲的时候或者是不讲不足以显示文明素质的时候。

（10）当你说话时，必须将话题集中于一个目标，不要被一些细微的行为，或被对方反抗的态度所迷惑，要将所说的话当作是推进目的的工具。

西方有一则寓言，是这样描述有百兽之王之称的狮子的：一天，狮子在草原上寻找猎物，发现一匹斑马，便立即撒开四脚去追捕，而后又发现一只梅花鹿，它立刻放弃斑马，去追捕梅花鹿，而后又发现了羚羊、山羊、小羊等。只要看到新猎物，他就立即放弃旧的。追，又放弃，又追，又放弃，使它精疲力竭，却什么都没追到。最后又看到了一只小白兔，这时它想去追却已经无能为力了，小白兔便轻易地在百兽之王的爪下逃脱了。

这个寓言很明白地告诉我们，即使是力量强大者，也要在追求某一目标时保持合理的连续性，否则将一无所获。任何人想要获得某些东西时，也必须具备意志坚强、精力集中与恒心等美德，才能达成自己的目标。

我们要试图使他人接受你的意志时，也应该将说服计划建立在有系统、有目标的基础之上。当然，这并不意味着你必须显出严肃的神情。只有以从容的态度与轻松的心情去进行你的计划，才能收到预期的效果。